───────────── 님의 손안에 운명의 지도가 있습니다.

그 지도에 숨겨진 행운을 찾으시길 기원합니다.

───────────── 드림

내 손금은
내가 본다

내 운명은 내가 본다

내 손금은
내가 본다

민광욱(겸재) 지음

SOUL SOCIETY

차례

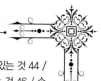

3장 손바닥의 구 60

4장 기본 삼대선 76

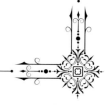

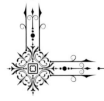

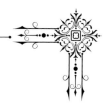

6장 그 밖의 손금 184

7장 대표 손금 풀이 214

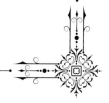

손안의 우주,
손금으로 운명을 읽다

손금으로 열린 세상

"내가 손금 봐줄까?"

자꾸 눈길이 가던 여학생에게 말은 걸고 싶은데 말주변이 없어 몇 날 며칠을 주변만 맴돌다 겨우 꺼낸 말이었습니다. 있는 용기, 없는 용기 다 짜내서 한 마디 하고는 머릿속이 하얗게 되었습니다. 그런데 "그래."라며 그 아이는 선뜻 손을 내밀었습니다. 저는 알고 있는 손금에 대한 지식을 총동원해서 열심히 설명을 해주었습니다. 그 후 자연스럽게 다른 친구들도 손금을 봐달라며 저를 찾아왔습니다. 덕분에 저는 금세 친구들을 사귈 수 있었습니다.

손금 책을 써달라는 제안을 받고 손금 자료를 정리하다 보니 그날의 기억이 떠올랐습니다. 솔직히 말하자면 제가 처음 손금을 배우게 된 계기는 이성에게 관심을 끌고 싶어서였습니다. 말주변이 없던 저는 이성에게 관심을 끌 수 있는 것이 무엇일까 생각을 하였고, 그 도구가 손금이었습니다.

나름 열심히 손금을 배우고 미숙하지만 주변 사람들의 손금을 봐주다 보니 이성친구만이 아니라 사회생활을 하면서 만나는 사람과도 금방 친해질 수 있었습니다. "손금 봐줄까요?"라는 말은 마법의 열쇠처럼 상대방의 마음을 열어주었습니다. 지금까지 사주, 손금을 상담하는 철학관을 20년 이상 운영하고 있는 것을 보면 손금과의 만남이 저의 운명을 현재로 이끌지 않았나 싶습니다.

저는 어려서부터 한의학, 동양철학에 관심이 많았습니다. 그러다 1984년에 출간된 실존 인물인 우학도인 권필진(권태훈) 옹을 주인공으로 한 김정빈 작가의 《단(丹)》이라는 소설을 읽고 동양무예와 동양철학에 푹 빠져, 평생 선도 수련을 하며 왜곡된 민족정신을 바로 잡으려 애썼던 선인 봉우 권태훈 선생처럼 되고 싶다는 막연한 꿈을 꾸었습니다. 그래서 혼자 무예, 역사, 철학 등을 공부하곤 했습니다.

하지만 사회생활을 시작하고 가정을 꾸리고 먹고사는 일에 치이다 보니 꿈은 희미해지고 몸과 마음은 점점 지쳐갔습니다. 그러던 어느 날, 저는 덜컥 쓰러지고 말았습니다. 더 이상 이렇게 살 수는 없다는 생각이 번뜩 들었습니다. 많은 고민 끝에 회사에 사표를 냈습니다. 첫째는 겨우 두 살이고 아내의 배 속에는 둘째가 있어 쉽지 않은 결정이었습니다.

회사를 관두고 6개월간 아무것도 하지 않고 몸과 마음을 돌보는 데 집중했습니다. 그러자 점점 몸과 마음이 회복되는 게 느껴졌습니다. 그제야 회사일이 바쁘다는 핑계로 연락조차 하지 못했던 주변 사람들이 생각났습니다. 주저하며 연락을 했는데 다들 반갑게 맞아주었습니다. 그렇게 다시 하나둘 연락을 하던 중 미국에서 스포츠용품 유통 사업을 하는 고등학교 때 친구와 연락이 닿았습니다.

그 친구 덕분에 사업 아이디어가 떠올랐습니다. '친구가 거래하는 스포츠용품을 한국에서 팔면 어떨까?' 당시에 한국도 스포츠에 대한 관심이 높아지던 시점이라 한국에서도 시장성이 있어 보였습니다. 그래서 친구에게 제품을 받아 온라인 쇼핑몰을 하는 사업을 시작했고, 결과는 성공적이었습니다.

사업을 시작하고 돈과 시간의 여유가 생기자 예전부터 관심을 두고 있던 동양철학 공부를 다시 시작할 수 있었습니다. 공부를 다시 하니 그렇게 즐거울 수가 없었습니다. 제가 좋아하고 잘할 수 있는 일이 동양철학이라는 생각이 들었습니다. 그래서 사업을 정리하고 본격적으로 동양철학을 공부하기 시작했습니다.

여러 선생님들을 찾아다니며 정진을 했는데 그중 1999년 구당 김남수 선생님을 찾아가 침과 뜸, 카이로프랙틱을 배우기도 했습니다. 공부를 하면 할수록 인간의 내면에 대해 더욱 더 알고 싶다는 생각이 깊어졌고 그러다 보니 사주명리는 물론 관상, 손금, 풍수 등 동양철학의 다양한 분야를 모두 공부하게 된 것입니다. 덕분에 '동양오술의 고수'라는 과분한 명칭을 얻기도 했습니다.

공부를 하면서 계속 고민했던 것은 '내가 배운 것을 어떻게 써먹을 수 있을까, 내가 가진 지식으로 남을 도울 수는 없을까?' 하는 것이었습니다. 그래서 일단 부딪쳐보자고 대학로에 좌판을 깔고 사주를 봐주기 시작했고, 실전을 통해 점점 실력을 쌓아갔습니다. 대학로에서 압구정으로 그리고 논현동에 겸재철학원을 연 후 지금까지 어느덧 22년을 넘게 상담을 해왔습니다. 지금까지 상담을 한 분을 헤아려보니 5만 명이 넘습니다.

MBTI보다 정확한 손금

인간의 내면을 알고 싶다는 마음으로 동양철학을 공부하다 보니 손금은 물론 사주, 관상, 풍수 등 다양한 분야의 지식과 경험을 쌓았습니다. 그중 손금에 대해 먼저 책을 쓰게 된 것은 손금이 동양철학에 대한 지식이 없더라도 누구나 조금만 관심을 가지면 쉽게 배울 수 있기 때문입니다. 만세력이나 카드와 같은 도구가 없어도 되니 활용도가 높습니다. 그리고 손금은 눈으로 확인할 수 있으니 초보자도 접근하기 수월하다는 장점이 있습니다.

"정말 손만 보고 운명을 알 수 있나요?"

손금에 대해 가장 많이 받는 질문입니다. 오랜 시간 공부하고 연구하고 수많은 사람들을 상담하며 제가 내린 결론은 이렇습니다. 손바닥 위엔 본인의 과거, 현재, 미래가 있으며, 지금 그려져 있는 미래의 선은 현재의 내가 얼마든지 바꿀 수 있습니다.

손의 지문이 다 다르듯 손 모양과 손금도 사람마다 다 다르게 생겼습니다. 요즘 유행하는 MBTI와 같이 손금으로 그 사람의 성격, 재능, 적성 등 개인이 가지고 있는 성향을 알 수 있습니다. 더 큰 장점은 손금은 과거의 흔적만이 아닌 미래의 운의 흐름도 어느 정도 예측할 수 있게 해준다는 것입니다.

몇 년째 같은 시험을 준비하는 분이 언제 시험에 합격할 수 있을지 답답한 마음에 저를 찾아왔습니다. 그분은 공부나 관(官)과 관련된 운이 없었습니다. 손금을 보니 말주변이 좋고 다른 사람을 끄는 매력이 있어 강사 쪽으로 가면 재물운이 상승할 것 같아 그쪽으로 진로를 바꾸면 어떨지 조심스레 권유했습니다. 하지만 손님은 몇 년째 해온 공부가 아깝다면서 다시 한번 시험에 도전하겠다며 돌아갔습니다. 그분이 가고 난 후에 자신의 성향에 맞는 진로를 택하면 더 좋은 성과를 얻을 텐데 하고 안타까웠던 기억이 납니다.

토끼와 거북이의 경주 이야기는 다들 아시죠? 자기 재주만 믿고

잠들어버린 토끼를 성실하게 노력한 거북이가 이긴다는 이야기입니다. 그런데 만약 처음부터 거북이가 토끼와 경주를 할 때 들판이 아닌 물속에서 했다면 어땠을까요?

손금을 알면 기질이 보인다

제가 하는 일은 사람들이 각자가 가진 성향과 기질을 활용해 최대한 행복해질 수 있는 방법을 찾아주는 것입니다. 거북이가 갑자기 토끼처럼 빨라질 수는 없고, 토끼가 물속에서 자유자재로 헤엄을 칠 수는 없습니다. 하지만 토끼는 토끼대로, 거북이는 거북이대로 행복할 수 있습니다. 손안의 운명을 읽는다는 건 그런 것입니다.

사람들은 모두 다르게 태어났습니다. 가장 중요한 것은 내 자신을 아는 것입니다. 자신의 성향과 기질, 과거와 현재 그리고 미래를 안다면 나에게 다가온 기회를 잡을 수 있고, 불운을 피해갈 수 있습니다. 그렇게 인생을 바꿔갈 수 있습니다.

남들은 부러워하는 공무원 생활인데 자신은 일이 너무 맞지 않아 힘들다고 찾아온 분이 계셨습니다. 그분의 손금과 사주를 보니 직장을 다니는 것보다 사업을 하는 게 더 맞아 보였습니다. 또한 여행선이 발달한 게 해외에서 일을 해도 괜찮아 보였습니다. 그래서 해외를 나가서 일을 해보거나 사업을 하는 게 좋겠다고 권해드렸습니다.

상담을 받은 후 그분은 공무원 생활을 정리하고 카페를 열었는데 지금은 지점이 50개가 넘는다며 연락이 왔습니다. 적성에 맞는 일을 찾았더니 일이 술술 풀린다며 밝아진 목소리로 감사 인사를 하는데 제가 더 기분이 좋았습니다.

손금은 특히 병에 관련된 사항이 잘 보입니다. 갑자기 위험한 문양이 생기거나 하면 빨리 건강검진을 받아보라고 조언을 합니다. 어느 날 한 40대 여성분이 상담을 하러 왔습니다. 손금을 보니 가슴 부위에 이상 선이 생명선과 기타 부위 선에 나타나 있는 게 아닙니까? 저는 내담자에게 빨리 병원에 가보라고 조언을 했습니다. 다행히 내담자는 조언대로 병원에 갔고, 초기 유방암이란 진단을 받았습니다. 불행 중 다행으로 암이 빨리 발견되어 완치를 할 수 있었다고 저에게 감사 인사를 전했습니다.

내담자는 병원 치료를 받으면서 3개월 간격으로 손금을 찍으면서 상담을 하였습니다. 놀랍게도 건강이 회복되자 점차 나쁜 이상 선은 없어지고 생명선이 점점 굵어지더니 항암치료가 끝날 즈음엔 건강한 사람의 손금으로 변해 있었습니다.

생명선에 간과 관련된 부위에 장해선과 문양이 생긴 것이 보였던 50대 남성분도 기억이 납니다. 손금을 보고 빨리 건강 검진을 받아 보시라 했는데 간암 진단을 받으셨습니다. 하지만 다행히 초기에 발견을 해서 치료가 잘되어 완치될 수 있었다고 합니다. 고맙다고 인사차 방문하셨을 때 이 학문을 배우길 정말 잘했다는 생각을 했습니다.

만약 내담자가 건강이 위험하다는 조언을 무시했다면 손금대로 건강이 악화되어 생명까지 위험해졌을지도 모릅니다. 손금을 읽고 조언은 했지만 병원에 가서 진단을 받고 치료를 받은 것은 내담자의 선택이었습니다. 그 선택으로 인해 내담자는 본인의 운명을 스스로 바꾼 것입니다.

한번은 여자 연예인이 방문을 한 적이 있습니다. 활동은 하지만 대중적인 인지도가 약한 분이셨는데 언제 유명해질 수 있는지 물었습니다. 손금을 보니 생명선과 두뇌선이 많이 떨어져 있는 독립적 성향에 두뇌선이 일자형인 부지런한 행동과 손금을 가지고 태어난 분이었습니다. 하지만 서른이 넘도록 독립하지 않고 가족과 함께 살고 있다고 했습니다.

저는 운이 좋아지려면 즉시 독립을 하여 혼자 살고, 취미나 특기도 혼자 해결하는 일을 배우면 좋은 기회가 올 거라 조언했습니다. 상담 후 그분은 독립을 했고, 독립을 하자마자 기회가 찾아왔습니다. 그 기회를 잘 살려 지금은 다재다능한 여성 캐릭터로 인기를 끌고 있습니다.

'내손내본' 활용법

사람마다 지문이 다 다른 것처럼, 손금 역시 80억 인구가 모두 다릅니다. 손금은 건강, 재능, 감정, 성격 그리고 운명의 비밀을 알려주는 지도 역할을 합니다. 내 운명이 어떻게 풀릴지 궁금한 분이나 나에 대해 더 알고 싶은 분, 상대에 대해 더 이해해보고 싶은 분이라면 손금을 배워보기를 권합니다.

앞에서 제가 손금을 처음 배우게 된 계기가 다른 사람들과 친해지기 위해서라고 한 것 기억하시나요? "내가 손금 봐줄까?"라고 얘기하면 백이면 백 모두 손을 내밀 것입니다. 다른 사람과 쉽게 친해지고 싶은 고민이 있는 분도 손금을 배워보세요. 영업이나 미용, 네일, 마케터 등 사람을 상대하는 일을 하시는 분들에게도 업무에 도움이 될 것입니다.

또 손금을 통해 진로, 적성, 성격 등을 쉽게 파악할 수 있기 때문에 진로 심리 상담을 하시는 분들이나 타로나 사주로 상담하시는 분들에게도 필요한 학문입니다.

손금을 통해 손바닥 안에 그려진 본인의 운명을 읽고 운명을 바꿔갔으면 하는 마음을 담아 이 책을 집필했습니다. 손금을 처음 접할 때를 떠올리며 애매모호하거나 부정확한 손금의 선은 과감히 제외하고 확실하게 눈으로 확인할 수 있는 선 위주로 설명을 하였으니 초보자도 책을 찬찬히 따라 읽으면 손의 운명이 보일 것입니다. 이 책에서는 손금을 볼 때 가장 중요하게 볼 것을 차례대로 소개할 예정입니다.

1. 손금학이란?
손금학이 무엇인지 기본 개념을 설명합니다.

2. 손의 모양
대범한지, 소심한지 / 적극적인지, 소극적인지 등 타고난 성향을 알 수 있습니다.

3. 손의 구
손바닥에 도톰하게 올라온 부분을 구(丘)라고 합니다. 어떤 구가 발달했느냐에 따라, 손금이 어떤 구를 향하느냐에 따라 성향이 달라집니다.

4. 기본 삼대선(생명선, 두뇌선, 감정선)
MBTI와 같이 성격, 적성, 재능 등을 알 수 있습니다.

5. 세로 삼대선(운명선, 태양선, 재운선)
현재뿐 아니라 과거, 미래의 성공과 실패 흐름을 알 수 있습니다.

6. 기타선(결혼선, 손목선, 장해선, 금성대 등)

시기에 따라 사건 사고 등 변화되는 사항을 알 수 있습니다.

7. 대표 손금 풀이

재물운, 연애 결혼운, 직업운을 보여주는 대표적인 손금을 소개합니다.

이 책을 읽는 분들이 손안에 있는 운명을 읽어 다가오는 행운의 시기를 놓치지 말고 기회를 꼭 잡았으면 좋겠습니다. 또 안 좋은 시기는 현명하게 대처하여 현재보다 나은 미래를 준비하시기를 바랍니다. 손금에서 인생의 지도를 읽을 수 있게 된다면 인생은 답답한 미래가 아닌 멋진 여행지가 될 것입니다.

현재의 손금이 좋다고 자만하지 말고, 현재의 손금이 나쁘다고 실망하지 말고 당신의 운명이 펼쳐진 손바닥을 펴고 그 운명을 바꾸어보시기 바랍니다.

2023년

민광욱(겸재)

겸재의
손금 마스터 클래스

내 손금은 내가 본다?
남의 손금도 내가 본다!

손금을 더욱 심도 있게 공부하고 싶다면, 소울클래스(soulclass.kr)에서 '겸재의 손금 마스터 클래스'를 만나보세요. 손금을 해석하는 넓고 깊은 안목을 길러주는 강의가 준비되어 있습니다.

독자님을 위한 특별한 혜택
겸재의 손금 마스터 클래스
10% 할인 쿠폰 코드: 내손내본

소울클래스(soulclass.kr) 회원 가입 후, 오른쪽 상단 MY-쿠폰 등록하기 메뉴에서 쿠폰 코드 '내손내본' 입력 후 수강 신청 시 '쿠폰 적용하기'에서 해당 쿠폰을 선택하시면 할인된 금액으로 결제가 가능합니다.

1장

손금에 대하어

손금학이란?

손금학의 역사

예전부터 사람들은 하늘에 의해 미리 정해진 운이 손 모양과 손금에 나타난다 생각했습니다. 이를 해석하려는 기술이나 학문을 수상학(手相學)이라 합니다. 수상학은 수형학과 손금학 두 가지로 나뉘는데, 수형학은 손, 손가락, 손톱, 지문, 손의 구, 피부결 등 손의 형태를 통해 사람의 성격, 재능, 질병을 연구하는 학문이고, 손금학은 손바닥의 선을 중심으로 사람의 특성이나 재능, 인생 여정을 연구하는 학문입니다.

정확한 의미를 따지면 손금학은 손에 나타나는 선을 연구하는 것이지만, 수상학이라는 어려운 표현 대신 손금학이라 편하게 부릅니다. 즉 우리가 손금학이라 할 때는 수형학과 손금학을 아우르는 개념으로 이 책에서도 수형학과 손금학을 따로 구분하지 않고 손금학이라 하겠습니다.

손금학은 4,500년 전에 인도에서 시작된 후 중국·이집트·그리스 등으로 전파된 것으로 알려져 있습니다. 영어로는 palmistry라 합니다. 흔히 손금은 동양의 학문으로 생각하지만 서양도 오랜 역사를 가지고 있고, 동양보다 더 많이 연구되고 발달하였습니다.

서양에서도 손금을 통해 그 사람의 인생을 읽는 연구를 거듭했습니다. 구약성서《욥기》에 "하나님은 사람의 손을 모조리 봉하시고 부호(符號)를 찍었으니 이는 그들의 직분(職分)을 알게 하기 위함이니라."라는 구절이 나오고,《잠언》에는 "오른손에는 장수(長壽)가 있고 왼손에는 부귀와 영화가 있다."라는 구절이 나옵니다. 이를 통해 당시 헤브라이인이 손으로 운명을 점쳤음을 알 수 있습니다.

'피타고라스의 정리'를 최초로 증명한 고대 그리스의 철학자이자 수학자인 피타고라스도 수상에 관심이 많았다고 합니다. 아리스토텔레스는《박물지》에 손금이 사람마다 다르다며 생명선, 두뇌선, 감정선을 보고 사람의 성향을 판단하는 방법을 상세하게 설명하기도 했습니다.

고대 그리스 사람들이 손금학에 관심이 많았다는 걸 알 수 있는 일화가 있습니다. 전설적인 영웅인 알렉산더 대왕과 관련된 이야기입니다. 기원전 4세기 고대 그리스 마케도니아의 왕으로 그리스를 넘어 페르시아, 아프리카, 아시아까지 단시간에 대제국을 건설한 알렉산더 대왕은 운명을 결정하는 중요한 선택을 할 때에 점성술에 의지했다고 합니다.

알렉산더 대왕은 페르시아 정복에 나서기 전 점쟁이를 불러 손금을 보여주며 자신이 세계를 정복할 수 있을지 물었습니다. 한참을 주저하던 점쟁이가 훌륭한 손금이나 세계를 정복하기에 손금이 조금 짧다고 대답하자 알렉산더 대왕은 그 자리에서 칼을 꺼내 자신의 손을 그어 손금을 늘렸다고 합니다.

근대로 넘어 와서 프랑스의 데바롤은《신수상술》,《손의 신비》에서 사람의 지문이 모두 다르다는 것을 주장하며 손바닥의 선과 운세를 관련시켰고, 나폴레옹의 사관이었던 다르판티니는《손의 과학》(1857)을 저술하였습니다. 중국은 기원전 11세기 주나라에서부터 수상학에 대한 기록이 전해집니다.

서양과 동양 모두 기본적으로 손바닥으로 운을 보는 방법은 비슷합니다. 차이가 있다면 동양은 상법(相法, 체상, 관상, 족상, 수상) 안에 손금을 두고 주역의 방위를 기준으로 손바닥에 나타나는 문양을 해석하였고, 서양은 점성학인 별자리의 영향을 많이 받아 손바닥에 구역을 나눠 손금이 어느 방향의 구역으로 가느냐에 따라 해석을 하였습니다. 최근에는 두 관점을 아울러 손금을 보는 경향입니다.

손과 뇌의 관계

손과 손금에는 그 사람의 정보가 담겨 있습니다. 성향, 성격, 행운과 고난, 가정환경, 미래, 심지어 전생까지 거의 모든 것을 알 수 있습니다. 어떻게 이런 일이 가능할까요?

손금은 임신 3개월 무렵부터 뇌신경이 뻗어 나가며 만들어져, 백일이면 기본적인 손금이 완성됩니다. 신체 부위 중 신경세포가 가장 많이 분포되어 있어 뇌의 작용을 정밀하게 볼 수 있는 부위가 바로 손입니다.

1950년대, 캐나다의 신경외과의사인 와일더 펜필드(Wilder Penfield) 박사는 실험을 통해 동작을 지시하고 감각을 조절하는 뇌 부위를 확인했습니다. 그리고 인간의 뇌신경과 신체 부위를 연결하여 그 관계를 모형으로 나타냈는데, 이것을 펜필드 호문쿨루스(Homunculus of Penfield)라고 합니다.

펜필드 호문쿨루스는 인체 각 부위의 운동을 관장하는 영역을

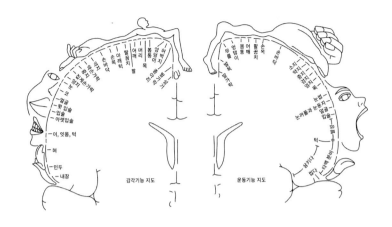

감각기능 지도   운동기능 지도

뇌 위에 지도로 만든 것인데 손과 입, 혀가 비정상적으로 큰 형태입니다. 손이 가장 크고 다음으로는 입 부위와 눈 그리고 코, 귀 등이 큽니다. 대뇌에서 손과 연결된 부위가 가장 크게 나타나는 건 손과 두뇌가 아주 밀접한 관계이기 때문입니다.

마틴 바인만의 저서 《손이 지배하는 세상에서》에서도 비슷한 내용을 찾아볼 수 있습니다. 저자는 신경생리학적 관찰, 뇌의학적 관찰을 총동원해 '손'이 오늘날의 문명과 창조적 정신을 가능하게 한 원동력이라는 사실을 밝혔습니다. 책에는 두뇌 없이 기능하는 손은 없으며, 손의 작용이 없었다면 오늘날의 두뇌 발달도 없었다는 다소 과격한 주장이 담겨 있죠. 철학자 칸트는 '손은 바깥에 있는 또 하나의 두뇌'라 말하기도 했습니다.

다른 영장류와 비교해서 사람의 손은 용도가 탁월하고 정교합니다. 덕분에 사람은 도구를 사용하고 문명의 진화를 이끌었습니다. 복잡하게 분화된 손을 움직이고 있는 것이 손의 분화에 대응해서 발달한 뇌입니다.

이렇게 손과 뇌가 밀접한 관련이 있기 때문일까요? 손금은 우리

뇌를 사진 찍어놓은 것과 같습니다. 손과 손가락, 손금에는 사람의 과거, 현재, 미래, 나아가 전생과 영적 기록까지 담겨 있습니다. 그래서 손금을 읽는 것은 그 사람을 읽는 것과 같습니다.

손안에 내 인생이 쓰여 있습니다. 나 자신과 관련된 거의 모든 분야를 알 수 있습니다. 나의 건강, 재능, 성격, 체질은 물론 미래를 예측할 수도 있죠. 내 건강이 언제 좋아지고 나빠질지, 결혼 시기, 개운 시기 등 80% 이상 알 수 있습니다.

손금은 왼손, 오른손 다 봐야 하나요?

동양에서는 방향과 상관없이 사물과 사람을 볼 때 나를 중심으로 보는 경향이 있습니다. 나를 중심으로 앞에 보이는 방향은 남쪽, 왼쪽(좌측)은 해가 떠오르는 방향으로 동쪽, 반대인 오른쪽(우측)은 해가 지는 방향인 서쪽, 내 뒤는 북쪽으로 보고 사물을 배치하는 관습이 있습니다. 그래서 옛 건물이나 고서, 관상에서 사람을 볼 때 왼쪽은 남자(윗사람, 양의 성질), 오른쪽은 여자(아랫사람, 음의 성질)로 보고 해석을 했습니다. 동양에서 손금을 볼 때 남자는 왼손을 여자는 오른손을 본 것도 이런 이유입니다.

동양보다 서양에서 손과 손금에 대한 연구가 더 오랜 역사를 가지고 진행되었고 과학적으로도 손금에 대한 연구가 활발해 현재는 서양의 영향을 많이 받고 있습니다. 그래서 손금을 볼 때 양손을 다 보며 왼손은 우뇌의 영향, 오른손은 좌뇌의 영향으로 구분합니다.

오른손은 좌뇌의 영향을 받아 이성적인 면을 담당합니다. 언어, 계산, 분석, 판단, 논리력 등과 연관이 깊다 보니 실생활에 영향을 많이 줍니다. 반면 왼손은 우뇌의 영향을 받아 감성적 측면을 담당합니다. 예술가들은 왼손잡이인 경우가 많죠? 왼손은 잠재의식, 상상력, 창의력, 직관력, 예능적 재능과 깊은 연관이 있습니다.

손에 대한 연구가 깊어질수록, 왼손이 '선천적인 것'에 관련되었다는 것을 알 수 있었습니다. 쉽게 말해 가지고 태어나는 잠재 능력은 왼손에 나타나고, 사회생활을 통해 발달하는 것은 오른손에 나타납니다.

왼손은 먼 미래의 운, 선천적인 운을 볼 수 있는 손입니다. 또한 왼손에서 내적인 만족도나 감춰진 속마음, 욕망, 성격 등을 볼 수 있습니다. 손을 봤을 때 왼손이 오른손에 비해 손금 선이 뚜렷하게 나타나는 등 손금이 더 발달했다면 현재보다는 미래의 운이 좋을 수 있습니다. 혹은 타고난 적성이나 운과는 다른 길을 가고 있다고 예측할 수도 있습니다. 언어, 분석, 판단 능력보다는 정신적인 예술, 문학, 상상력이 강할 수도 있습니다. 왼손이 더 발달한 분들은 연구직, 예술가 등 혼자 일하는 직업이 성향에 더 잘 맞습니다.

오른손이 왼손에 비해 발달했다면 타고난 운보다 현재 운이 더 좋은 것을 나타냅니다. 지금 하고 있는 사업, 직업, 적성이 선천적인 것보다 더 좋은 것이죠. 오른손이 더 발달한 분들은 상상력, 예술 등의 섬세한 감성보다는 판단력, 실천력, 사교성이 좋아 사회생활을 잘합니다. 사람을 많이 상대하거나 활동적인 직업이 좋습니다.

요즘은 손금을 볼 때 왼손, 오른손 모두 확인합니다. 오른손은 외적인 측면, 현실 세계, 가까운 미래를 알 수 있고, 왼손은 정신적인 측면, 내면의 나, 선천적 재능, 먼 미래를 알 수 있습니다. 예를 들어 직업을 볼 때 오른손으로는 직업 분야, 직장 계열, 산업 분야를 보고 왼손으로는 업무 성격, 하는 일을 봅니다.

왼손과 오른손, 어느 손을 중점적으로 봐야 하는지에 대한 정답은 없습니다. 양손이 의미하는 바가 다르니까요. 손을 볼 때는 양손을 비교하여 그 특징을 살펴보세요. 그리고 각 손이 의미하는 것을 유념해서 확인하세요.

2

손금의 기본 개념

손금과 구 이름 익히기

손바닥을 들여다보면 여러 가지 모양의 선을 볼 수 있습니다. 선의 종류는 대략 30~40가지 정도로 나눌 수 있는데, 손에 나타나는 문양까지 합친다면 그 종류가 무척 많아집니다.

손금은 굵으면 굵을수록 힘, 에너지가 좋습니다. 손금을 강에 비유해볼까요? 손금이 굵다는 것은 '깊다'는 의미입니다. 깊은 강은 유속이 빠르고 물이 잘 흐르지만 섬이나 돌멩이, 모래가 많다면 물 흐름을 방해해서 느려지겠죠? 손금도 잔선이나 다른 문양이 많거나, 선이 얇으면 그만큼 속도가 느려져 힘이 없습니다. 즉, 굵을수록 그 선의 성향이 강한 것이고 얇을수록 그 선의 성향이 약하게 나타납니다.

앞으로 책에서 손 모양, 손가락의 모양과 크기, 기본 삼대선인 생명선, 두뇌선, 감정선과 세로 삼대선인 운명선, 태양선, 재운선, 그리고 9개의 구를 중심으로 손금을 설명할 것입니다. 본격적인 설명에 들어가기 전에 손, 손금, 구의 명칭과 특징을 간략하게 정리하고자 합니다. 미리 각 선의 위치와 구의 특징을 기억해두면 이해가 더 쉬울 것입니다.

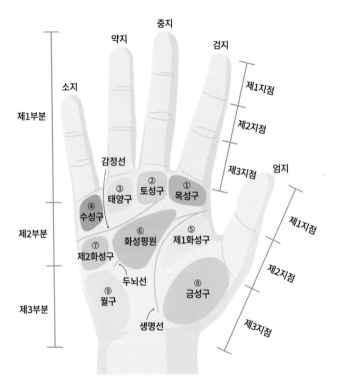

먼저 손은 크게 세 영역으로 구분할 수 있습니다. 제1부분은 손가락입니다. 손가락은 그 사람의 지적, 정신적 영역을 나타냅니다. 제2부분은 손바닥 상반부입니다. 손가락이 정신적인 영역이라면, 손바닥 상반부는 행동을 나타냅니다. 이 부분이 발달한 사람은 현실적이고 활동적입니다. 제3부분은 손바닥 하반부로 타고난 기질을 보여주는 영역입니다.

손금에서 가장 기본인 선은 생명선, 두뇌선, 감정선입니다. 생명선은 검지와 엄지 사이에서 손목 쪽으로 향하는 선으로 건강, 수명, 생명력을 나타냅니다. 두뇌선은 검지와 엄지 사이에서 시작해 손바닥을 가로지르는 선으로 사고력, 재능과 적성을 나타냅니다. 감정선은 소지 아래에서 검지 쪽으로 행하는 선으로 감수성, 애정, 인간관계에 대한 태도 등을 나타냅니다.

　세로 삼대선은 현재와 과거, 미래의 성공과 실패를 알려주는 운명선, 재운선, 태양선입니다. 운명선은 중지 쪽으로 향하는 선으로 직업, 인생의 전반적인 흐름을 보여줍니다. 재운선은 직장운과 사업운을 보여주는 선으로 소지 방향으로 뻗어 있습니다. 태양선은 재물선이라고도 하며 재물운과 성공운을 보여줍니다.

　손바닥에서 살이 도톰하게 올라온 부분은 '구(丘)'라고 하는데 각 구의 위치와 의미를 기억하면 손금의 이름과 의미를 다 외우지 않아도 손금을 이해하기 쉽습니다.

① 목성구: 권력, 명예, 성취욕, 향상력

② 토성구: 책임감, 노력, 연구심

③ 태양구: 사교성, 예술, 재운, 사업, 성공, 만족감

④ 수성구: 협상력, 사업 수완, 재운

⑤ 제1화성구: 용기, 공격성

⑥ 화성평원: 인내심, 끈기, 지구력

⑦ 제2화성구: 방어, 인내, 참을성

⑧ 금성구: 사랑, 에너지, 가정

⑨ 월구: 상상력, 창조력, 예술, 꿈

손금의 상단부, 천(天) – 하늘의 운, 나의 운발

　손은 크게 '천, 지, 인'의 세 구역으로 나눠볼 수도 있습니다. 감정선 위의 상단부를 '천(天)'이라고 합니다. 두뇌선이 있는 중반부는 '인(人)', 생명선 안팎 하단부는 '지(地)'입니다.

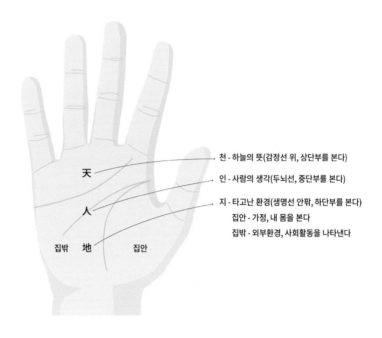

천 - 하늘의 뜻(감정선 위, 상단부를 본다)

인 - 사람의 생각(두뇌선, 중단부를 본다)

지 - 타고난 환경(생명선 안팎, 하단부를 본다)
집안 - 가정, 내 몸을 본다
집밖 - 외부환경, 사회활동을 나타낸다

'천(天)'은 감정선 위를 나타냅니다. 인간이 어쩔 수 없는 하늘의 뜻(천운)을 나타냅니다. 이 부분에서 내가 하는 일이 어느 정도 성공할 수 있을지 가늠해볼 수 있습니다. 특히 세로선(향상선, 운명선, 태양선, 재운선)이 감정선 위 하늘로 올라가면 성공, 재물 등을 이룰 수 있습니다.

• 향상선: 생명선에서 출발해 두뇌선을 뚫고 검지(목성구)를 향해 강하게 뻗어 올라가면 야망, 리더십, 학업 성취, 시험운이 좋아져 초년에 크게 성공을 합니다.

• 운명선: 손바닥에서 출발하여 두뇌, 감정선 위로 강하게 올라간 운명선은 노력선이라고도 하는데, 어느 분야에서든 크게 성공을 하고 나이 들어도 활동력이 좋습니다.

• 태양선: 감정선을 뚫고 약지를 향해 강하게 선이 올라가면 명

예, 재물 등 본인이 원하는 바를 성취할 수 있고, 본인 만족감도 높아져 행복감도 큽니다.

• **재운선**: 감정선 위에서 소지로 뻗은 재운선은 창의력, 지혜, 아이디어를 좋게 하고 부동산, 투자 등 횡재운을 좋게 하여 큰 성공을 뒷받침해 줍니다.

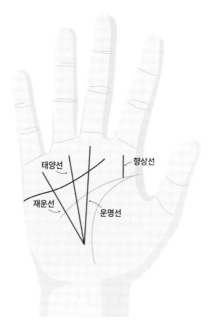

반대로 감정선(天, 하늘)에 선이 닿지 않으면 운이 전반적으로 약하다고 볼 수 있습니다.

• **향상선**: 초년 노력운이 약해 학업운, 시험운도 좋지 못합니다. 그래서 원하는 만큼 큰 성과를 내기 어렵습니다.

• **운명선**: 감정선 라인을 약 55세 정도로 보는데, 그 선에 닿지 못하면 직장인은 정년퇴직 하거나, 55세 이후 뚜렷한 성과나 직업이 없는 인생을 사는 경우가 많습니다.

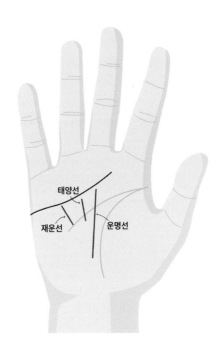

• **태양선**: 재물을 모아도 쉽게 빠져나가 잘 모이지 않고 성공, 명예, 만족감, 행복감도 떨어질 수 있습니다.

• **재운선**: 큰 성공이 어렵고, 횡재운과 부동산운도 상대적으로 약해집니다.

감정선을 뚫고 위로 올라가는 세로 손금을 비스듬하게 막는 가로선이 나타나는데 그 선을 '장해선'이라 합니다. 장해선은 막힘선, 장애선이라고도 합니다. 앞서 손금은 강물과 같다고 했지요? 강물을 다른 선이 끊으면 강의 흐름이 약해지고 끊깁니다. 장해선은 손금의 기운을 약하게 하는 선이라고 이해해주세요.

감정선 위에 이런 장해선이 있는 경우는 나의 운(천운, 조상덕, 운발)에 나쁜 기운이 생기는 것을 의미합니다. 감정선 윗부분의 살이 꺼졌거나 색이 어둡다면 하늘이 어두운 것으로 해석하는데, 운을 받지 못해 사업 실패나 퇴직, 병고 등 불행이 나타날 수 있습니다.

- 운명선: 인생의 변화, 이혼, 죽음, 병고
- 태양선: 사업 실패, 명예 실추, 퇴직, 망신수
- 재운선: 사기를 당하거나 건강상 문제 발생

손금에 장해선이 생기면 선이 지나가는 나이 때에 위와 같은 안 좋은 일이 발생할 수 있습니다. 그러니 감정선 위에서 대각선으로 내려오는 장해선이 있다면 주의가 필요합니다.

손금의 중반부, 인(人) - 사람, 나의 선택

제1화성구, 화성평원, 제2화성구가 있는 손바닥 중간 부분을 '인(人)'이라고 합니다. 자아, 정체성, 사고의 흐름, 관심 분야 등 사람의 생각과 성격을 나타냅니다. 내가 얼마나 노력하는지도 알 수 있습니다. 중반부에 위치한 두뇌선이 바로 '나'를 나타냅니다.

두뇌선이 있는 중간 부위에 나

타나는 장해요소는 정신력, 의지력, 사고력, 지적 능력, 행동 능력에 이상을 일으킵니다. 이 부위에 장해선이 나타나거나 선이 끊어지거나 사슬모양이 나타난다면 뇌졸증, 두통, 중풍 등의 마비, 우울증, 행동장애, 정신장애를 주의합니다.

손금의 하단부, 지(地) - 타고난 환경, 나의 기반

하단이 넓고 힘이 있고 깨끗하면 선천적으로 건강한 것을 의미하고, 집안도 좋다고 볼 수 있습니다. 반면 좁을수록 허약하고 집안도 좋지 않습니다. 집안과 건강은 내가 타고난 기운, 선천적인 것이죠. 이 영역을 '지(地)'라고 합니다. 이 구역은 건강, 부모, 가정환경, 인복 등 주변의 환경과 조건을 나타냅니다.

생명선 안은 금성구라 하는데 이 부위가 발달하면 부모복이 큽니다. 생명선이 좁고, 밖으로 선이 뻗는다면 상대적으로 부모복이

적습니다. 생명선 안 가장자리까지 장해선이 들어오면 가정 파탄이나 건강상 위험을 초래합니다. 생명선 밖 장해선은 주변 환경의 변화를 일으킵니다. 생명선이 끊어지거나 섬모양이 생기면 죽음이나 병고를 주의하고, 사슬모양은 허약체질을 의미합니다.

3

유년법,
손금에서 시기 보는 법

유년법이란?

인생에는 결혼, 성공, 실패, 질병 등 다양한 일이 일어납니다. 앞으로 어떤 일이 일어날지도 궁금하지만 언제 일어날지도 궁금하시죠? 손금에 나타난 선과 모양을 통해 어떤 일이 일어날지만 알 수 있는 게 아니라 언제 일어날지도 알 수 있습니다. 그래서 손금을 잘 들여다보면 미래를 읽을 수 있다고 하는 것입니다.

손금에 나타난 선과 모양의 암시를 통해 언제 어떤 일이 일어날지 살펴보는 것을 유년법이라 합니다. 쉽게 말하면 '시기'를 보는 것입니다. 바로 인생의 중요한 사건이 언제 일어날지 시기를 살피는 것이 유년법입니다. 특히 생명선과 운명선의 유년법을 주의 깊게 보면 기회를 잡을 수도, 위기를 피해갈 수도 있습니다.

생명선의 유년법

생명선은 엄지와 검지 사이에서 시작해 금성구를 감싸며 그어져 있는 선입니다. 생명선이 시작하는 엄지와 검지의 손 안팎의 경계를 0살로 봅니다.

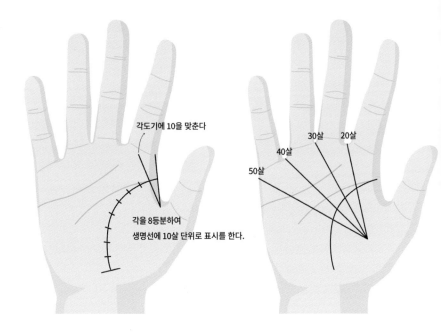

각도기에 10을 맞춘다

각을 8등분하여
생명선에 10살 단위로 표시를 한다.

30살 20살
40살
50살

생명선의 유년법은 손금을 잉크로 찍어 각도기로 보는데 손금을 찍으면 보통 10살부터 지문이 찍히기 때문에 10살을 기준으로 하고, 손목에서 손금이 끝나는 지점을 85살(혹은 90살)로 봅니다. 손금이 시작하는 부분에 각도기 10을 맞추고 끝나는 지점까지의 각을 8등분하여 10살 단위로 표시해서 봅니다.

각도기가 없어도 손을 직접 보고 나이를 측정할 수 있습니다. 생명선 안쪽 금성구의 중간 부위를 기점으로 손가락으로 선을 긋는다고 생각을 합니다.

검지와 중지 사이를 대략 20살 정도로, 중지와 약지 사이를 대략 30살 정도로, 약지와 소지 사이를 대략 40살 정도로, 감정선 위와 결혼선 사이를 대략 50살 정도로 봅니다.

두뇌선의 유년법

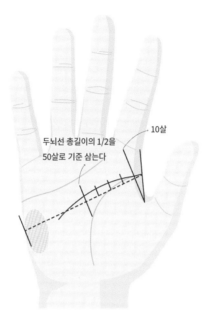

두뇌선 총길이의 1/2을
50살로 기준 삼는다

10살

두뇌선은 검지의 아래, 목성구에서 시작하여 손바닥을 가로질러 제2화성구로 이어지는 굵은 선입니다. 생명선의 10살 지점을 두뇌선의 시작점으로 보고 제2화성구 쪽 끝점의 1/2 지점을 대략 50살로 봅니다. 대략 약지의 중앙 아래 정도 됩니다. 자를 대고 재면 편리합니다. 보통 두뇌선은 50살 이전만 보는 것을 기본으로 합니다.

감정선의 유년법

감정선은 수성구에서 시작하여 손바닥을 가로지르는 선으로 성격, 감성, 결혼운 등을 나타냅니다. 감정선의 유년법은 크게 중요하지 않지만 다만 건강을 확인할 때는 감정선의 유년법을 봅니다. 손가락 사이를 20년 간격으로 봅니다.

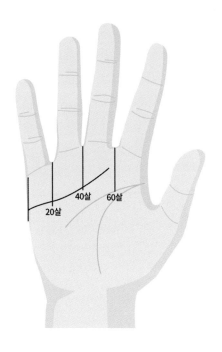

소지 부위를 20살, 약지 부위를 40살, 중지 부위를 60살, 검지 부위를 80살로 봅니다.

운명선의 유년법

운명선은 손바닥 중앙에서 손목부터 토성구를 향해 올라가는 선으로 중지 밑단에서 손바닥 하단부까지 봅니다. 하단부를 0으로 보고, 중지 아래를 90으로 생각해주세요. 감정선을 지나는 선이 대략 55살 정도이고, 두뇌선을 지나는 선이 대략 40살 정도입니다. 유년법에서는 생명선과 운명선을 중요하게 봅니다. 손금이 변화되는 위치와 나이를 대입해 대략 어느 정도 나이에 변화가 일어나는지 살필 수 있기 때문입니다.

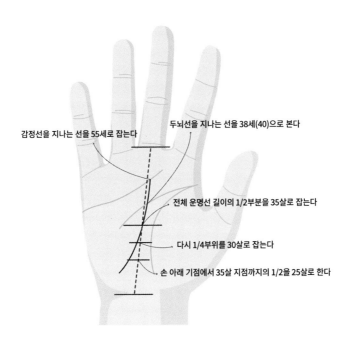

감정선을 지나는 선을 55세로 잡는다

두뇌선을 지나는 선을 38세(40)으로 본다

전체 운명선 길이의 1/2부분을 35살로 잡는다

다시 1/4부위를 30살로 잡는다

손 아래 기점에서 35살 지점까지의 1/2을 25살로 한다

자, 이제 손금의 기본적인 용어와 기본 삼대선, 세로 삼대선, 9개의 구가 가진 의미를 알았으니 본격적으로 손금에 대해 배워보도록 하겠습니다.

손의 모양과 손가락

손금만큼 중요한
손 모양

손 내미는 모습으로 알 수 있는 것

손을 어떻게 내미는지만 봐도 그 사람의 성격을 파악할 수 있습니다. 지금 옆에 있는 사람에게 손을 한번 내밀어보라고 해보세요. 어떻게 손을 내밀었나요? 힘차게 손을 펼쳐 내미는 사람도 있고, 주저하며 손을 오므리고 내미는 사람도 있을 것입니다.

만약 손을 힘차게 내밀었다면 결단력이 있는 사람입니다. 주먹을 쥐어 내밀면 다른 사람을 쉽게 믿지 않는 사람이고, 손가락을 다 붙여 내민다면 신중한 사람입니다. 손을 오므려 내미는 사람은 절대 손해 볼 행동은 하지 않습니다. 이처럼 처음 손을 내미는 모습부터 손금의 시작입니다.

손을 내미는 모습으로 보는 성격

1. **손을 힘차게 내미는 사람** - 결단력이 있고, 남성적인 성향의 사람
2. **손을 슬며시 조용히 내미는 사람** - 마음이 온화하고 상냥한 사람
3. **쭈뼛거리며 손을 내미는 사람** - 결단력이 다소 부족한 사람

4. **손이 떨리는 사람** - 쉽게 긴장하고 신경질적이며 섬세한 사람

5. **손을 주먹 쥐어 내미는 사람** - 소극적이며 조심스럽고, 다른 사람을 쉽게 믿지 않는 의심이 많은 사람

6. **손가락을 펴서 내미는 사람** - 개방적이고 대범하며 느긋하고 낙천적인 행동파. 반면 덜렁대는 면이 있고 끈기가 부족한 사람

7. **손가락을 붙여 내미는 사람** - 무엇을 하더라도 사전에 충분히 확인하고서 행동으로 옮기는 신중파. 예의 바르나 소심하고 신경질적인 면이 있고 결단력이 다소 부족한 사람

8. **엄지만을 벌려 내미는 사람** - 의지가 강하고 적극적인 성격. 우유부단하지 않아 결단력 있지만 고집이 세고 하찮은 일로 시비가 있을 수 있는 사람

9. **검지만을 벌려 내미는 사람** - 독립적이나 사교성이 떨어지고 이기주의적인 성향으로 인해 집단생활이나 공동사업에 적합하지 않을 수 있는 사람

10. **중지, 약지를 벌려 내미는 사람** - 타인에게는 공손하고 친절하지만, 가족 등 가까운 사람에게는 엄격하고 다소 독선적이어서 불화나 충돌을 일으킬 수 있는 사람

11. **소지를 벌려 내미는 사람** - 사교성이나 언어 활용, 표현력이 부족하고 과학 분야에 약할 수 있는 사람

12. **손을 오므려 내미는 사람** - 금전적인 계산이 빠르고 손해 볼 행동을 하지 않는 야무진 성격. 자칫 수전노가 될 수 있는 사람

손을 내미는 모습만이 아니라 손 모양, 손톱 모양, 손가락 모양 등을 보면 그 사람에 대해 많은 것을 알 수 있습니다. 그러니 손금을 볼 때는 전체적인 모습을 같이 봐야 합니다.

손 크기로 알 수 있는 것

손바닥의 두께나 폭, 손가락의 굵기나 크기 등도 많은 것을 알려줍니다. 손 모양을 보면 그 사람의 생각이나 실행력을 알 수 있죠. 손의 크기, 폭, 두께를 먼저 살펴보세요. 이때 손이 크다, 작다는 무엇을 기준으로 할까요? 다른 사람의 손과 비교를 하는 게 아니라 그 사람의 몸집에 비교해서 생각하면 됩니다. 몸집에 비해 손이 작아 보인다면 작은 손, 커 보인다면 큰 손입니다.

몸에 비해 손이 크다면 내성적이고 섬세합니다. 일을 치밀하고 솜씨 있게 처리하지만, 우유부단한 면이 있습니다. 꾸준히 한 분야에서 일하는 것이 성향에 잘 맞습니다. 몸에 비해 손이 작으면 외향적이며 대담하게 행동합니다. 머리 회전이 빠르고 선견지명이 있습니다. 반면 치밀함이 부족하고 실제보다 계획을 크게 세워 수습하지 못하는 경우가 있습니다. 보통 크기의 손을 가지고 있다면 전체적으로 균형을 잘 이루는 사람이지만, 개성이 다소 부족할 수 있습니다.

손의 폭이 넓으면 밖으로 돌아다니고 사람들을 만나는 일에 적합합니다. 체력과 생활력이 강한 경우가 많습니다. 손의 폭이 좁으면 사무직에 적합합니다. 음악이나 미술 등 예술 방면에 재능이 있습니다.

두꺼운 손은 본능적이고 이기적인 성향이 나타날 수 있습니다. 자신의 이익에만 관심이 있고, 스스로를 과신하는 경향이 있습니다. 얇은 손은 배려심이 많아 상대의 입장이나 기분을 생각하고 행동합니다. 다만 소극적이고 자신의 뜻을 밀고 나가는 힘은 부족할 수 있습니다.

손의 피부가 고운 사람은 감수성이 예민하고 온순하여 인간관계가 원만합니다. 미의식이 높고 지적이며 예술에 대한 조회가 깊습니다. 손의 피부가 거친 사람은 근성이 강하고 운동에 능합니다. 손에 털이 많으면 남성적이며 성격이 급하고 외향적 성향이고, 털이 없으면 여성적이며 내성적인 성향입니다.

손의 유연성으로 알 수 있는 것

손을 뒤로 젖혀보세요. 잘 젖혀지나요? 손의 유연성은 융통성을 의미합니다. 잘 젖혀지면 타인의 의견이나 행동을 수용하는 범위가 넓다는 뜻입니다. 누가 무슨 말을 해도 '그럴 수 있어'라고 생각합니다. 인간관계처럼 세상의 변화에도 유연하게 대처할 수 있기 때문에 유행에 민감합니다.

손이 유연한 사람은 멋도 잘 내고 예술을 좋아하며 개방적인 성향을 가지고 있습니다. 사교적이고 쉽게 다른 사람의 호감을 얻을 수 있는 '금방 친해지는 사람'이에요. 반면 한 분야에 꾸준히 노력하는 면이 부족할 수 있고, 생각이 변화가 빠른 만큼 변덕이 심해 주위 사람들로부터 신뢰받기 어려울 수 있습니다. 손의 유연성이 좋은 사람에게는 영업 등 사람을 자주 만나는 활동적인 일이 잘 맞습니다.

손이 뻣뻣해서 잘 젖혀지지 않는다면 상대적으로 융통성이 떨어집니다. 원리원칙주의자로 보수적입니다. 일처리가 꼼꼼하고 경제관념이 알뜰하고 성실합니다. 고지식한 면이 있어 함께 있으면 크게 재미는 없을 수 있지만, 믿음직하죠. 화려하고 변함없어 주변 사람들의 신뢰가 높습니다. 한 분야를 꾸준히 고집 있게 밀고 나가서 전문가로 성장할 가능성이 큽니다. 연구직 등에 잘 맞아요. 다만 한번 잘못된 선택을 하면 헤어나기 힘들 수 있어 주의해야 합니다. 한번 내린 선택을 잘 번복하지 않을 수 있기 때문입니다.

유연한 손이나 뻣뻣한 손 중 더 좋은 손은 없습니다. 성향의 차이일 뿐이죠. 내 성향을 이해하고 최선의 선택을 하는 것이 중요합니다.

손톱으로 알 수 있는 것

손톱의 모양도 많은 것을 알려줍니다. 손톱과 손가락 끝이 가늘고 뾰족하면 직감적인 사람입니다. 정열적이며 충동적으로 행동하는 경향이 있습니다. 정신세계를 이해하는 능력이 있으며, 경제적으로 고생하지 않습니다.

손가락과 손톱 끝이 둥글면 감수성이 예민하고 성격이 밝고 사교적이라 교제 범위가 넓은 사람입니다. 음악, 문학 등의 예술 분야에 뛰어난 재능이 있고 창조적입니다. 손톱 폭이 넓은 사람은(주걱 모양) 성실하고 활동적이며 독립심을 자극하면 창업하여 성공하는 경우가 많습니다. 모든 일에 도전하는 정신이 있으며, 직업으로 보면 의사, 사업가, 과학자 등이 잘 맞습니다.

손톱이 좁고 손가락 마디가 튀어나온 사람은 냉정하고 이성이 충동을 억제하는 경우가 많습니다. 의지가 강하며 지식욕이 왕성하고 분석력이 뛰어납니다. 사색적이라 철학가, 학자, 연구가가 좋습니다. 반대로 손톱이 크고 투박하면 야성적인 사람이지만 보기와 다르게 마음씨가 고운 것이 특징입니다. 손톱의 길이가 길다면 신경질적이며 실행력이 부족할 수 있지만 예술적 감각이 남다른 사람이 많습니다. 짧다면 성격이 급하고 공격적인 성향이 나타날 수 있습니다.

손톱으로 보는 건강 상태

1. 큰 손톱 - 호흡기계통의 질환을 주의해야 합니다.

2. 네모진 손톱 - 심장계통에 문제가 있습니다. 손톱이 푸른색을 띠면 신경성 심장질환이 의심됩니다.

3. 긴 손톱 - 폐장, 호흡기 질환, 감기 등으로 몸이 허약해질 수 있습니다.

4. 둥근 손톱 - 비장계통 질환에 주의해야 합니다.

5. 삼각형 손톱 - 창자와 인후가 약합니다.

6. 역삼각형 손톱 - 척추계통의 질환과 마비성 질환을 조심해야 합니다.

7. 끝이 끊어진 손톱 - 기생충이 있을 수 있습니다.

8. 손톱의 가로줄 - 가로줄이 생길 때 큰 병, 큰 변화가 있을 가능성이 큽니다. 가로줄로 큰일이 있을 시기를 알 수 있습니다.

9. 손톱의 세로줄 - 신경쇠약으로 몸이 약해진 것을 의미합니다.

10. 활처럼 휜 손톱 - 심장병이나 알코올 중독이 의심됩니다.

11. 반달이 없는 손톱 - 숙변이 쌓이고 육체적 피로가 있을 수 있습니다.

12. 반달이 큰 손톱 - 너무 크면 장 활동이 완성해져 체중이 증가할 수 있습니다.

손바닥과 손가락의 형태

손바닥과 손가락의 형태에 따라 손은 크게 네 가지 형태로 나뉩니다. 손바닥이 클수록 남성성, 활동성이 크고 좁을수록 여성성을 띱니다. 반대로 손가락은 길수록 여성성을, 짧을수록 남성성을 띤다고 볼 수 있습니다. 손의 형태를 통해 기본적인 성격과 기질을 알 수 있습니다. 손바닥과 손가락의 형태를 보고 어떤 유형의 손인지 확인해보세요.

1. 불(火, Fire)

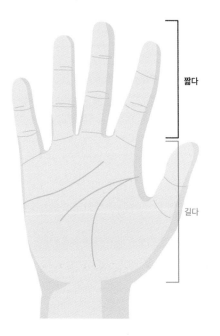

짧다

길다

손가락보다 손바닥이 긴 유형입니다. 직감력이 뛰어나고 창조력과 생명력이 넘치는 타입입니다. 사고의 속도가 빠르고 모험심이 왕성하기 때문에 새로운 도전을 즐깁니다.

자유롭게 행동하는 것은 좋지만, 간혹 도가 지나치면 주위에 폐를 끼칠 수도 있습니다. 직관에만 의존하지 않고, 주위를 둘러보고 타인을 배려한다면 운이 더 좋아질 수 있습니다.

2. 땅(地, Earth)

손이 두껍고 손가락이 짧은 유형입니다. 안정감 있는 현실주의자로 성실하고 건설적인 타입이에요. 사회적 규칙과 가치를 존중하는 마음이 강하고, 그것이 보수성과 야심으로 나타나기 쉽습니다.

모험보다는 목표를 세우고 꾸준히 노력하는 것이 장점입니다. 반면 간혹 타인의 감정에 무관심한 점은 단점이 될 수 있습니다. 그

래서 악의가 없는 상태에
서 타인에게 상처를 주는
경우가 생깁니다.

3. 바람(風, Wind)

손바닥에 비해 손가락
이 긴 유형입니다. 지적이
고 사교적인 성격으로 호
기심 많은 자유인입니다.
왕성한 호기심으로 마치
바람처럼 다니기를 좋아
하고, 속박되면 좌절하기
때문에 무거운 인간관계
와 폐쇄적인 환경을 싫어
합니다.

쉽게 싫증내는 면이 있
어 어중간한 상태에 머무
를 수 있는 것을 주의해야
합니다. 집중력과 인내심
을 기르면 운이 좋아질 수
있습니다.

4. 물(水, Water)

손이 전체적으로 얇고

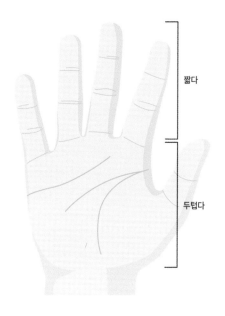

짧다

두텁다

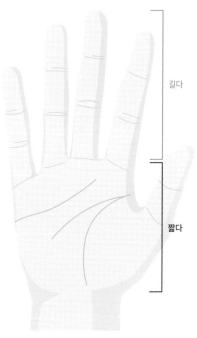

길다

짧다

긴 유형입니다. 이 유형은 감수성이 풍부하고 섬세합니다. 타인에게

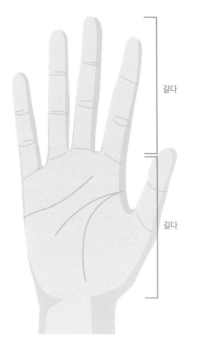

길다

길다

친절하고 배려하는 것이 자연스러운 부드러운 성품의 소유자인 경우가 많습니다. 창의력과 상상력이 풍부하여 방송, 예술 분야에서 활동을 많이 합니다.

정신적인 면은 강하지만 육체적으로는 다소 약해 몸을 많이 쓰는 일은 적합하지 않습니다. 물의 손을 가진 분들 중 영적 두뇌가 발달한 경우가 많습니다.

손가락의 특징
이해하기

손가락별 특징

손가락은 세 마디로 이루어져 있습니다. 각 마디를 중심으로 손가락의 길이와 비율을 확인해보세요. 예를 들어 소지의 경우, 약지의 첫 번째 마디 끝 선까지 닿는 것을 '길다'고 표현할 수 있습니다. 전체적으로 손가락이 길면 생각이 많은 성향, 짧으면 그 반대의 성향을 나타냅니다. 생각보다는 행동, 신체적인 면이 발달한 것이죠.

1. 엄지

엄지가 길고 굵다면 신체적인 면이 발달했음을 알 수 있습니다. 체력이 좋고, 성격도 원만합니다. 상식선에서 행동해 주위 사람들에게 신뢰받는 경우가 많습니다. 반면 가늘고 짧은 엄지는 지적활동이 다소 둔할 수 있음을 보여줍니다. 생활력과 정력도 부족할 수 있습니다.

2. 검지

검지는 권력욕, 명성, 지배욕, 대인관계를 상징하는 손가락입니다. 검지가 긴 경우 지도력이 있고 적극적이며 노력하는 타입입니다. 긴 손가락만큼 출세욕과 권력욕이 강하다고 볼 수 있습니다. 짧은 검지는 소극적인 성향을 나타냅니다. 발전하려는 마음이나 지도력, 책임감이 부족하며 생활력도 다소 부족할 수 있습니다.

3. 중지

중지는 나 자신을 나타냅니다. 가족관계와 집안, 자기 자신을 대하는 태도 등도 알 수 있죠. 중지가 길다면 자아가 강하고 내성적인 성격으로 사교성이 다소 부족할 수 있습니다. 하지만 자성의 태도가 강합니다. 그만큼 자기 자신에게 엄격하고, 발전을 위한 노력을 아끼지 않습니다. 단, 손가락이 지나치게 길면 고독할 수 있습니다.

짧은 중지는 자아가 상대적으로 약합니다. 자신을 돌아보고 반성하는 마음이 상대적으로 적고, 책임을 사회나 타인에게 돌리는 경향이 있습니다. 자신에게 너그럽고 성격이 매우 급해 경박한 사람으로 비칠 수 있으니 주의해야 합니다.

4. 약지

약지는 예술적 재능, 명예, 인기를 상징합니다. 긴 약지는 사교성이 있고 사람들에게 자기 PR을 잘하는 것이 장점입니다. 예술적 재능으로 성공할 가능성이 크며, 경제적 관념이 뛰어나 명성을 얻을 수 있습니다. 다만 너무 긴 약지는 허영심과 낭비 성향을 보여주는 것일 수 있습니다.

짧은 약지는 생활력이 약하고 소극적인 성격을 보여줍니다. 타인에게 크게 관심이 없고, 책임감이 부족할 수 있습니다. 음악, 문학 등 예술적 재능이 뛰어나지 않은 경우가 많습니다.

5. 소지

소지는 자손이나 후배 등 아랫사람을 나타냅니다. 소지가 길다면 유머 감각과 언변이 좋습니다. 경제적인 이익을 얻을 수 있는 기회를 잡는 판단력이 뛰어납니다. 사교성과 실행력도 있는 편이지만, 너무 긴 소지를 가진 사람은 타인을 속이고 사기 등 범죄에 휘말리는 경우도 있습니다.

반면 소지 길이가 짧다면 말재주가 없고 인간관계가 원만하지 못합니다. 금전 감각이 떨어져 부와 큰 인연이 없습니다. 사고나 부상이 잦고 생활력이 없어 자식운과 생식 능력이 약할 수 있습니다.

엄지의 모양으로 알아보는 성향

손가락 중 가장 중요한 손가락이 엄지입니다. 미국의 포인소트는 '엄지는 의지력과 생활력의 상징이다.'라고 했습니다. 프랑스의 다르판티느는 엄지손가락은 인간의 개성을 말해준다며 '인간의 엄지손가락은 그 사람의 지능에 따라 차이가 난다.'라고 주장했습니다. 그래서 손금을 볼 때는 먼저 엄지손가락부터 본 후 전체적인 감을 잡는 것이 중요합니다.

곧은 엄지

엄지손가락이 직선으로 곧게 뻗어 있다면 고집이 세고 자기주장이 강하지만, 책임감도 강하고 약속을 중요시하며 매사에 적극적인 사람이 많습니다.

구부러진 엄지

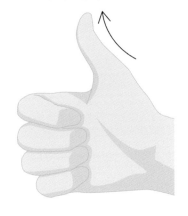

엄지손가락이 유연하게 구부러진다면 성격도 유연하고, 표현력도 풍부합니다. 상당히 감정적이라 볼 수 있습니다. 변화하는 환경에 쉽게 적응합니다. 손가락이 유연할수록 창의력이 뛰어나고 예술적 감각이 좋은 사람이 많습니다.

엄지의 모양을 볼 때는 크게 세 가지 유형으로 보면 쉽습니다.

보통 모양

엄지손가락이 균형이 맞게 보입니다. 두뇌 회전이 빠르고 다재다능하며 대인관계 능력이 좋습니다. 어느 분야에서나 능력을 인정받습니다. 관리직, 외교관, 사업가 등의 직업군에서 많이 볼 수 있습니다.

긴 모양

엄지손가락이 가늘고 길며 연약해 보입니다. 엄지가 길고 가늘수록 감수성과 예술성, 상상력이 더 강해집니다. 성격은 예민하고 변덕스러운 면이 있고 행동력이 약해 우유부단한 면이 있습니다. 예술성이 강해 머리를 쓰는 연구직, 과학자,

예술가 등이 많습니다.

짧은 모양

엄지손가락이 짧고, 굵으며 단단해 보입니다. 엄지가 짧아질수록, 손끝에 살집이 많아질수록 고집이 더 세지고 투쟁심도 더 강해집니다. 짧은 엄지는 행동력이 강하고 독립심이 강해 운동선수나 기술자, 자수성가한 사람의 손에서 많이 볼 수 있습니다.

손가락 길이로 알아보는 성향

검지와 약지를 통해 남성성, 여성성을 알 수 있습니다. 손가락 길이는 태아기에 노출되는 성호르몬의 영향을 받아 형성됩니다. 약지는 남성호르몬인 테스토스테론의 영향을, 검지는 여성호르몬인 에스트로겐의 영향을 받습니다. 각 호르몬의 영향에 따라 검지와 약지의 손가락 길이 비율이 달라집니다. 대부분의 남성은 약지가 검지보다 길고, 여성은 두 손가락의 길이가 같거나 검지가 더 깁니다.

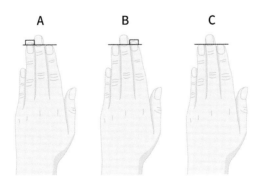

A처럼 약지가 긴 타입 중에는 상대가 거부할 수 없을 만큼 매력적인 사람들이 많습니다. 적극적이고 활동적인 성격으로 문제를 해결하는 데 탁월한 능력을 발휘하죠. 군인, 엔지니어, 과학자들 중 약지가 긴 사람들이 많습니다.

B처럼 검지가 길다면 자신감이 충만할 가능성이 큽니다. 고독을 즐기며 혼자만의 시간을 방해받는 것을 굉장히 싫어합니다. 목표가 생기면 그 목표를 이루기 위해 최선을 다하며, 그 과정에서 누군가 간섭하거나 방해하는 것을 잘 견디지 못합니다.

두 손가락의 길이가 같은 C의 경우, 한마디로 평화주의자라고 할 수 있습니다. 손가락 길이가 같은 것만 봐도 알 수 있죠? 모든 사람들이 공평하고 평등하기를 원합니다. 이 타입은 한번 형성된 관계를 유지하는 것을 중요시하여 주변 사람들을 잘 챙깁니다. 평소에는 무난하게 잘 지내지만 한번 폭발하면 걷잡을 수 없습니다.

영국 센트럴랭커셔 대학교 심리학과 교수인 존 매닝은 그의 저서 《핑거북, 나를 말하는 손가락》에서 손가락 비율로 우리의 몸과 마음이 어떻게 만들어졌는지 알 수 있다고 했습니다. 아이의 손가락을 보면 그 아이의 운동 능력과 음악적 재능 등을 미리 알 수 있고, 성인병의 발병 시기도 예측할 수 있다고 합니다.

손가락 비율은 성 정체성과도 밀접한 관계가 있습니다. 남성이 약지보다 검지가 길다면 여성호르몬의 영향으로 여성성을 띨 가능성이 큽니다. 반면 여성이 검지보다 약지가 길다면 남성성이 발현될 가능성이 큽니다.

이 외에도 손가락 비율을 통해 다양한 정보를 알 수 있습니다. 약지가 검지보다 긴 남성은 검지가 약지보다 긴 남성보다 자녀를 더 많이 두는 경향이 있다고 합니다. 여성의 경우 약지가 길수록 남자아이를 출산할 확률이 높습니다. 손가락 비율은 인간의 성격이나 행동 성향은 물론, 왼손잡이와 오른손잡이의 경향, 언어의 유창성과 시공간 지각력, 자폐증 등과도 밀접한 관계가 있는 것으로 연구되고 있습니다.

소지의 길이로 알아보는 성향

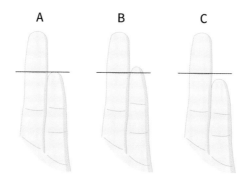

소지의 길이는 약지의 첫 번째 마디를 기준으로 길고 짧은 것을 판단할 수 있습니다. 소지의 길이에 따라 크게 세 가지 성향으로 구분합니다.

A처럼 소지가 약지 두 번째 마디와 길이가 동일한 경우는 안정을 추구하는 성향이 있습니다. 내성적인 성격으로 감정이 밖으로 잘 표출되지 않습니다. 감성적인 사람이지만 밖으로 표현하는 일이 거의 없기 때문에 사람들은 진짜 마음을 파악하기 힘들다고 생각합니다.

문제가 생겼을 때 타인에게 의지하기보다는 독립적으로 해결하는 것을 선호합니다. 거짓말이나 위선적인 행동을 싫어하고, 책임감이 강하기 때문에 주어진 일에는 최선을 다하죠.

성실하고 근면하여 프리랜서나 자영업자 등 개인적으로 성과를 내는 직업이 좋습니다. 이런 손을 가진 분들은 남한테 피해를 주지 않으려 노심초사해 불안감이나 불면증에 시달릴 수도 있습니다.

B타입은 소지가 약지 두 번째 마디보다 긴 경우입니다. 소지가 길면 두뇌 회전이 빠르고 언변이 좋은 것을 나타냅니다. 투자, 투기에 능한 사업가 스타일이 많습니다.

직업으로는 사업가, 투자자, 금융전문가 등 머리를 많이 쓰는 직업을 갖는 경우가 많습니다. 보통 머리가 좋아 투자나 사업으로 큰 성공을 이루지만, 돈에 기복이 심하고 너무 쉽게 돈을 벌려다 보니 잘못하면 남을 속이는 사기꾼이 될 수도 있습니다.

헌신적이고 감성적인 성격으로 한번 사랑에 빠지면 그 대상에게 '올인' 하는 경향이 있습니다. 일에도 마찬가지여서 일단 결정하면 그 일이 마무리될 때까지 최선을 다합니다. 예민하고 감성적인 성격 탓에 상처받는 것을 두려워합니다. 사람들이 도와주지 않아도 모든 일을 잘할 수 있는 능력자로 비치길 원하죠. 이런 성격은 머리를 너무 많이 써 두통으로 고생할 수 있습니다.

C타입은 약지 두 번째 마디보다 소지가 짧은 경우입니다. 이 타입은 새로운 분야에 도전하는 것보다 익숙한 일을 하는 것을 선호하는 경향이 있습니다. 그래서 종종 새로운 환경에 적응하는 것에 어려움을 겪곤 합니다.

직업으로는 안정적인 공무원이나 정기적인 월급을 받는 직장인이 잘 맞습니다.

개방적인 성격이 아니기 때문에 고민이나 불만을 타인에게 말하지 않고 혼자 끙끙 앓는 스타일입니다. 자신의 주장도 강한 편이지만 그렇다고 타인의 의견을 함부로 무시하지 않으며 다양한 의견에 귀 기울이는 스타일입니다.

이런 손을 가진 분들은 소극적이고 보수적이다 보니 만남이 많지 않아 연애를 잘 못하고, 결혼 시기를 놓쳐 결혼을 못 하는 경우가 많습니다. 사람을 만날 때 연애보다는 결혼을 전제로 만나거나 적극적인 상대를 만나는 것이 좋습니다. 소극적인 성격으로 인해 우울증. 공황장애 등을 조심해야 합니다.

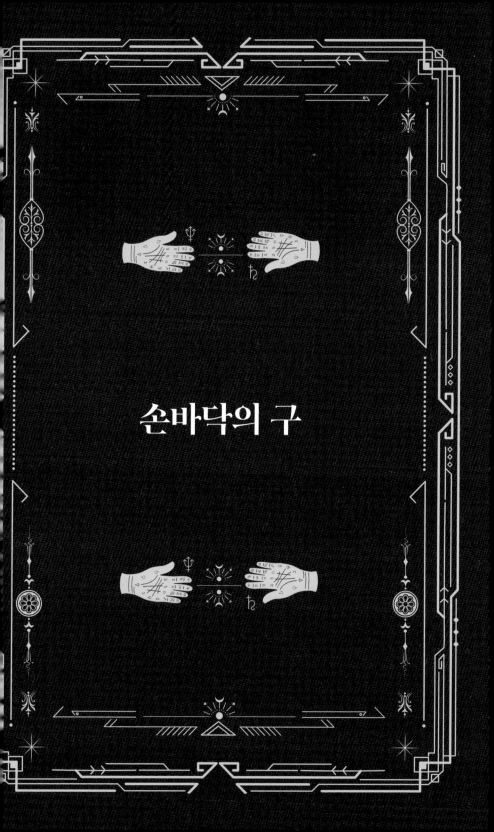

손바닥의 구

손의 '구'란
무엇일까?

손금의 형태를 보기 전 손바닥의 '구(丘, mount)'를 이해하는 것이 매우 중요합니다. 이 책의 끝까지 구가 나오기 때문에 집중해서 읽어주세요!

손바닥을 보면 언덕처럼 두툼한 부분이 보이시죠? 이 부분을 손금학에서는 '구'라고 부릅니다. 두툼하게 튀어나온 부분은 그 부위의 성향이 강하다는 것을 의미합니다. 반대로 들어간 곳은 약하다는 뜻입니다. 손금학에서는 손의 구는 에너지를 저장하는 장소로, 손가락은 우주의 에너지를 수신하는 안테나로 봅니다.

손바닥에서 솟아오른 곳을 자세히 들여다보세요. 잔선들이 한곳으로 모여 있는 것을 볼 수 있습니다. 잔선이 몰렸다는 것은 그곳에 기운이 몰려 있는 것입니다. 우리는 구가 발달한 것을 두 가지로 확인할 수 있습니다. 손에서 언덕처럼 솟아올라 있거나 잔선들이 한곳으로 집중된 모양을 확인하는 것이죠. 잔선들은 육안으로는 확인이 어려운 경우가 많기 때문에 보통 솟아오른 곳을 구로 보고 그곳의 기운이 강하다고 봅니다. 두 가지 방법을 활용해 어느 구가 발달했는지 확인해보세요.

손바닥의 구는 9개이며 태양계 행성의 이름에서 유래했습니다. 특정 구의 특성에 가장 부합하는 행성의 이름을 붙인 것입니다. 앞

서 서양에서 손금이 더 발달했다고 말씀드렸죠? 손금을 제대로 이해하려면 그리스 로마 신화와 행성에 대한 사전 지식이 큰 도움이 됩니다.

구가 잘 발달해 있으면 그 구가 상징하는 좋은 성질이 강하다는 의미이며, 구가 빈약하면 그 구가 상징하는 본래의 성질이 약하다는 의미입니다. 너무 과한 것도 좋지 않아 구가 과도하게 발달했다면 오히려 그 구가 상징하는 나쁜 성질이 강할 수 있습니다. 어떤 구가 발달했느냐와 함께 각 구에서 어떤 손금이 시작되는지, 어디를 가리키는지 살펴보는 것도 중요합니다. 예를 들어 손바닥에서 8번과 9번이 솟아올라 두툼하다면 금성구와 월구의 성향이 강하다고 볼 수 있습니다.

그럼 손바닥에서 가장 위에 있는 1번 목성구부터 번호대로 살펴볼까요?

1. 목성구(제우스, Jupiter)

목성구는 그리스 신화의 '제우스'에서 유래했습니다. '주피터'라고도 불리는 제우스는 아버지 크로노스를 물리치고 신들의 왕이 되었습니다. 손바닥의 목성구도 이런 특징에 따라 권력, 명예, 성취욕, 향상력을 의미합니다. 검지 아래에 위치하고 있으며 이 부위가 발달한 경우 성취동기가 강하고, 왕성한 사회활동을 통해 자아를 실현하고자 합니다. 이 구가 잘 발달하여 둥글게 솟아 있으면 자신감과 자존감이 높고, 넓게 퍼져 있다면 권력이나 리더십을 지향하며 타인에게 관대한 경향이 있습니다.

제우스는 신들의 왕이죠? 목성구가 발달한 사람은 대중 앞에 서거나 리더가 되고 싶어 하는 욕구가 강합니다. 그래서 목성구가 발달하면 권력, 리더십이 강해져 다른 사람 밑에서 일하기 어렵습니다. 남에게 지기 싫어하기 때문에 노력가도 많습니다. 어릴 때 목성구가 발달하면 학업 성취도가 좋고, 대부분 우수한 성적을 거둡니다. 시험운, 관운, 지도자운이 강합니다.

감정선이 길게 목성구 중심부로 뻗어가거나, 목성구에 우물정자 문양이 나오거나, 생명선에서 향상선이 올라가서 목성구로 향해 뻗거나, 토성구로 향하다 목성구로 휘어져 오는 운명선 등은 모두 목성구의 기질이 강하게 드러나게 합니다. 목성구를 향하는 선은 목성구의 기운을 강하게 해주기 때문입니다. 이런 경우 성공을 위한 강렬한 욕망과 야심을 갖고, 남들보다 훨씬 많이 노력합니다.

목성구가 지나치게 발달하면 식욕과 물욕이 강해지고, '나 아니면 안 된다'는 아집과 독선, 허황된 명예욕, 과시욕, 질투심이 강해질 수 있습니다. 타인의 감정이나 생각을 배려하지 않고 자기중심적으로 행동하기 쉽습니다. 반면 발달이 미약하다면 동기부여가 잘되지 않아 크게 성장하지 못하고 수동적인 삶을 살아갈 확률이 높습니다.

2. 토성구(새턴, Saturn)

토성은 농업의 신 '사투르누스'에서 유래했습니다. 사투르누스는 '씨를 뿌리는 자'라는 말입니다. 로마 신화에서는 태초의 신 중 하나이자 제우스의 아버지인 크로노스와 같은 신으로 봅니다. 크로노스가 제우스에게 쫓겨 이탈리아로 도망가 농업기술을 보급하였다 해서 농업의 신으로 여깁니다. 태양에서 멀리 떨어져 있고 운

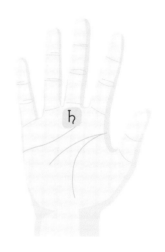

행 속도가 느려 상대적으로 오래된 신의 이름을 갖게 되었습니다.

토성구는 중지 아래에 있으며 책임감, 진지함, 염세주의적 성향, 고독함, 연구, 숙명, 업보 등과 관련 있습니다. 아들에게 쫓겨났기

때문에 다소 우울한 느낌이 있습니다. 또 농경의 신에서 유래한 만큼 '먹고사는 문제'와도 연관되어 있고요. 오래된 신인 만큼 상식이 풍부하고 생각이 많습니다.

토성구 바로 위 중지는 '나'를 나타냅니다. 손가락이 길수록 강한 자아를 나타내죠. 토성구를 확인할 때는 손가락 길이도 함께 봐 주세요.

토성구가 적절히 발달한 경우 일반적인 상식을 가지고 인생을 진지하게 살아갑니다. 그러나 지나치게 발달하면 세상이나 인생에 대해 비관적이고 냉소적인 태도를 가질 수 있습니다. 이기적이고 사고방식도 우울한 경향이 나타나는 경우가 많아 주의가 필요합니다. 반면 토성구가 밋밋하거나 꺼진 듯 발달하지 않은 경우에는 어떨까요? 인생에 대한 진지함이 부족하고 사려 깊지 못합니다. 그래서 타인에게는 책임감 없는 사람으로 비칠 수 있습니다.

운명선이 토성구로 굵고 길게 올라가는 경우 타고난 업보가 강한 것으로 해석합니다. 나이 들어서도 힘들게 일하며 돌보거나 먹여 살릴 사람이 있다는 의미입니다. 운명선은 감정선까지 올라가는 게 보통인데, 감정선까지가 대략 그 사람의 55세 전후라고 봅니다. 그 이상으로 뻗어간다면 토성구가 운명선에 강한 영향을 줍니다. 이때부터는 운명선이 아니라 업보선이라고 부릅니다. 나이가 들어 감에 따라 편하게 지내야 하는데, 짊어지고 가야 할 것이 많다는 뜻이죠. 토성구의 어둡고 무거운 특성이 운명선에 반영되었다고 보는 것입니다.

토성구가 지배적으로 발달한 사람은 드문 편인데, 만약 그렇다면 세상을 등지고 고독하게 혼자 지내는 염세주의자가 되거나 세상과 세상 사람들을 혐오하며 살아갈 수 있습니다. 반사회적, 반인류적 특성이 강해지고 도덕관념도 약해져 범죄에 노출되기 쉽습니다.

중지 아래 토성환이라는 둥글게 그려지는 선이 나타나면 토성구가 너무 강해진 것으로 해석합니다. 염세적, 자기중심적, 고독한 성향이 선을 넘어 우발적 범죄를 저지르거나 사이코패스 성향이 나타날 수 있습니다. 한 분야를 깊이 탐구하고 연구하면서 타인과 어울리는 것을 꺼리며 혼자 살아가는 학자도 토성구가 발달했을 가능성이 높습니다.

3. 태양구(아폴로, Apollo)

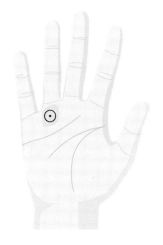

태양의 신 아폴로는 태양빛, 음악, 시, 의술, 궁술, 예언의 신입니다. 다양한 영역을 관장하는 다재다능한 신으로 올림포스 12신 중 하나입니다. 지구가 태양 주위를 도는 것처럼, 태양구는 우리 마음의 중심입니다. 태양구를 통해 내 마음 상태, 영혼의 상태, 행복의 상태를 알 수 있지요.

태양구는 약지 아래 위치했으며, 태양처럼 밝은 기질, 사교성, 창의적인 재능, 예술적 이해력 및 감성적 재능과 관련 있습니다. 밝고 활달하여 사업가적 능력과도 연결됩니다. 활달하고 심미안을 가진 사람들은 대체로 태양구가 발달했습니다.

태양구 발달이 미약하다면 예술에 대한 이해력이 부족하고, 자신감이 떨어질 수 있습니다. 반면 지나치다면 자신의 재능을 과신하여 자만하거나 겉으로 드러나는 것을 중시해 허영심이 많은 경향이 있죠.

태양선으로도 불리는 재물선, 명예선이 태양구 중심부로 흘러가면 태양구의 창의적인 재능과 심미안, 밝고 아름다운 기질이 강하게 반영되어 나타납니다. 보통 태양선은 태양구로 흘러가게 됩니다. 감정선 위에 태양선이 잘 발달하면 재물운, 성공운, 명예운, 행복감, 만족감이 크다고 봅니다.

태양구에 별문양이 나타나는 경우나 감정선 위에서 약지로 뻗어가는 선이 한 줄 혹은 두 줄 굵게 나타나는 경우가 있습니다. 이런 손금은 태양구의 에너지가 강해져서 인생의 어느 시점에서 빛나는 성공을 갑자기 이루게 된다고 해석합니다.

하지만 장해선이 태양선을 칼로 벤 듯 나타나거나 태양구 색깔이 좋지 않으면 불행이 다가온다고 여겨집니다. 물질적인 손해가 있을 가능성이 가장 크고, 사고나 병이 생길 수도 있습니다. 오른손에 나타나면 현재 일어날 일일 가능성이 크고, 왼손에 나타나면 잠재적, 내면적 고통이나 미래에 다가올 일로 생각할 수 있습니다.

4. 수성구(머큐리, Mercury)

수성은 그리스 신화에서 전령의 신 '헤르메스'에서 유래했습니다. 헤르메스는 날개 달린 모자와 신발을 신고 다니며 신들의 소식을 빠르게 알리는 전령의 신입니다. 고대인들은 수성의 운행이 빠르기 때문에 속도가 빠른 신의 이름을 붙였습니다.

헤르메스는 신들의 왕인 제우스와 마이아 사이에서 태어났는데 성격이 급해서 태어나자마자 걷기 시작하고, 태어난 날 오전에는 현악기의 일종인 리라를 만들었고, 오후에는 아폴로의 소를 훔쳤다고 합니다. 소식을 전해주는 역할을 하려면 빠르게 움직이는 것만으로는 부족합니다. 탁월한 지적 해석 능력과 말솜씨가 유창한 전달자여야 합니다.

수성구는 창의력, 말재주, 세상을 읽는 능력을 의미합니다. 소지 아래 있는 수성구는 상업적, 사업적 재능과 커뮤니케이션 능력을 나타냅니다. 과학적 재능도 함께 볼 수 있죠. 수성구가 발달되어 있다면 사물의 핵심을 꿰뚫어 보는 총명함과 사업적 수완이 있습니다. 임기응변에 능하고 풍부한 아이디어와 탐구심으로 문제 해결에 능합니다. 자연히 경제적 성공을 이룬 사람이 많습니다. 손바닥 아래에서 수성구를 향해 올라가는 선을 재운선이라고 합니다. 수성구의 상업적, 사업적 재능과 관련이 많기 때문입니다.

수성구가 좁고 발달하지 못했다면 타인의 말을 쉽게 믿어 잘 속아 넘어가며, 사업 수완이 부족하거나 의사소통 능력이 떨어질 수 있습니다.

소지는 수성구에서 뻗어 올라간 손가락인데, 이 손가락이 길고 굵게 잘 발달했다면 수성구의 에너지가 발휘된 것으로 봅니다. 여기서 '길다'의 기준은 약지의 첫 번째 마디까지 닿는 것입니다.

5. 제1화성구(Inner Mars)

제1화성구, 제2화성구, 화성평원 모두 '화성'을 의미합니다. 화

성의 이름은 그리스 신화의 전쟁의 신 '아레스'에서 왔습니다. 아레스는 제우스와 헤라 사이에서 태어났으며, 옳고 그른 것에 상관없이 무조건 다 투고 싸우는 것을 좋아합니다.

화성은 붉게 빛나 보이는 천체입니다. 고대인들은 붉은 화성을 피나 전쟁과 연결시켜 생각했기 때문에 아레스의 이름을 붙였습니다. 화성의 기운이 강하면 어떨까요? 전쟁의 신에서 유래한 만큼 폭력적이고 공격적인 성향이 강해질 수 있습니다.

제1화성구는 보통 두뇌선과 생명선의 시작점입니다. 그래서 '시작 화성구', '출발 화성구'라고도 합니다. 엄지 밑부분과 생명선 시작 부분 사이에 있는 영역입니다. 제1화성구는 용기를 나타내는 영역으로 세 가지 화성 영역 중 가장 공격적인 성향을 가집니다.

이 영역이 발달한 경우 남성적인 강인함과 배짱, 담력이 두둑하며 어떤 힘든 과업을 만나도 뒤로 물러서지 않고 돌진하는 성향이 나타납니다. 과하게 발달하면 지나치게 거칠고 폭력적이며 잔혹한 기질이 나타날 수 있습니다. 반면 거의 발달하지 않은 경우에는 겁이 많습니다.

두뇌선이 생명선 안쪽의 제1화성구에서 출발하는 경우 다소 투쟁적이고 공격적입니다. 이기적이고 소아적인 특성이 나타나기도 하는데, 이 타입의 두뇌선이 제1화성구의 특징을 갖고 있기 때문입니다.

요즘은 제1화성구가 적당히 발달한 것이 좋습니다. 그래야 새로

운 일이나 목표에 대한 도전의식과 용기, 적극성을 발휘해 인생을
성공적으로 이끌 수 있습니다.

6. 화성평원(Plain of Mars)

손바닥의 아홉 가지 구의 중간
부분에 위치한 화성평원은 제1화
성구와 제2화성구 사이에 있습니
다. 손금의 주요 선들이 이 구역을
가로질러 지납니다. 그래서 화성평
원은 삶의 격전장과 같습니다. 화
성평원도 하나의 언덕에 해당하므
로 적당히 발달하는 것이 필요합니
다. 제2화성구와 유사하게 해석하
는데 인내심, 끈기, 지구력, 뚝심 등을 나타내는 것으로 봅니다.

화성평원이 잘 발달하지 못해 움푹 들어간 것처럼 보인다면, 주
요 손금 선들이 그 위를 달리는 힘이 약해집니다. 남들보다 더 삶의
고단함을 느끼고 사소한 어려움에도 쉽게 지치는 성향의 사람들이
많습니다.

7. 제2화성구(Outer Mars)

제2화성구는 공격보다는 방어 성향이 강합니다. 수성구와 월구
사이에 있으며 지구력, 끈기, 인내심, 생활력을 나타냅니다. 제2화
성구가 잘 발달했다면 현실적인 문제에 대한 관심이 많고, 살아가

다 고난을 만나도 견디고 이기는 힘이 강합니다. 특히 제2화성구 방향으로 두뇌선이 뻗어 있다면 현실적인 지적 능력이 발달한 것을 나타냅니다. 문제 해결에 관심이 많죠.

반면 이 부위의 발달이 미약하면 작은 고난과 역경에도 쉽게 굴복하는 경향이 있습니다. 그래서 제2화성구의 발달은 사업적, 직업적 성공에 중요한 영역입니다.

제2화성구에서 위로 올라가는 태양선은 '귀인선'이라고도 부르는데, '하늘은 스스로 돕는 자를 돕는다.'라는 표현에 알맞은 선입니다. 귀인선이 발달하면 어떤 역경이 와도 포기하거나 좌절하지 않고 타인에 대한 신의를 지키려 노력하는 타입입니다. 이런 사람들은 하늘의 도움을 얻어 반드시 성공한다고 합니다.

살다 보면 누구나 험난한 소용돌이를 지나갑니다. 그래서 끈기와 지구력, 생활력을 의미하는 제2화성구가 발달한 것이 좋습니다.

8. 금성구(비너스, Venus)

금성구는 말 그대로 '금성'의 영향을 받는 부위입니다. 서양에서는 금성을 '비너스'라고 부릅니다. 메소포타미아에서도 미의 여신 '이슈타르', 그리스에서는 '아프로디테' 등 모두 '아름답다'는 의미를 가진 여성적인 이름으로 불렀습니다. 고대인들은 밝게 빛나는 금성을 가장 아름다운 별이라고 생각했기 때문입니다.

손금에서의 금성구도 사랑, 에너지, 가정을 의미합니다. 금성구는 생명선의 안쪽에 위치하며, 인생을 살아가는 데 필요한 에너지 원천을 나타냅니다. 금성구의 두께와 넓이를 통해 건강, 스태미나, 애정, 가족애, 성욕, 성취욕, 명랑한 성격의 강약을 판단할 수 있습니다. 금성구를 산으로 표현하면 높이 솟고 넓게 펴져 있는 경우 에너지가 강하다고 볼 수 있고, 낮고 면적도 좁다면 에너지가 부족하다 볼 수 있겠죠.

금성구가 적당히 발달하면 따뜻하고 명랑하며 낙천적인 기질이 나타납니다. 과도하게 발달했다면 신체 에너지가 강해 활동력과 적극성이 넘쳐 폭력적인 성향이 나타날 수도 있습니다. 반면 발달하지 못한 경우에는 내성적이고 소극적이며 이기적인 심성이 나타날 수 있습니다. 건강 면에서도 조금만 무리하면 탈이 나기 쉬운 체질이라고 볼 수 있습니다. 나이가 들어가면서 체력이 저하될 때 대표적으로 약해지는 부위가 금성구인데 소화, 섭취 기능이 떨어지면 이 부위가 홀쭉해지기 쉽습니다.

금성구는 엄지의 세 번째 마디에 해당한다고 봅니다. 엄지는 인간과 동물을 구분 짓는 중요한 특징 중 하나로, 엄지가 있어야 물건을 제대로 잡을 수 있습니다. 엄지의 첫 번째 마디는 행동력을, 두번째 마디는 사고력을 나타냅니다. 세 번째 마디인 금성구는 엄지의 에너지 원천 역할을 하기 때문에 금성구가 발달했다면 엄지의 특성이 강화되는 효과가 있습니다.

생명선 안쪽의 금성구 부위는 가족이나 집을 나타냅니다. 운명선이나 태양선, 재운선 등의 선이 여기서 출발하는 경우는 가족이나 친지 등 주변 사람들의 후원이나 영향을 받는 것으로 해석할 수 있습니다.

생명선 안쪽에 가로줄이 많다면, 특히 하단 부위에 강하게 나타난다면 인복이 많은 것으로 봅니다. 나이 들어서도 나를 따르는 사람, 도와주는 사람이 많다는 뜻입니다. 사람 사이에 얽혀 일을 하는 사람의 경우 금성구 안에 격자무늬가 많습니다. 금성구에 격자무늬가 많은 건 네트워크가 좋다는 것을 의미합니다.

9. 월구(루나, Luna)

월구는 달을 의미합니다. 로마 신화에서 달의 여신 '루나'는 그리스 신화의 '셀레네'와 동일시됩니다. 월구는 잠재의식의 세계를 대변하고 있으며, 상상력과 창조력, 정신적 · 영적 에너지의 원천입니다. 잠재 능력과 직관력, 예술적 재능 및 창작 능력과 관련이 많습니다. 달은 밤에 뜨고 꿈과 관련이 깊기 때문입니다.

월구가 발달했다는 것은 어떻게 알 수 있을까요? 첫 번째는 월구 부위가 두툼한지를 보는 것입니다. 이 부분이 통통하다면 월구가 발달했다고 볼 수 있습니다. 두 번째는 월구 부위로 선들이 가고 있는지 보는 것입니다. 예를 들어 두뇌선이 월구 방향으로 뻗어간다면 예술적이고 감성적이라고 볼 수 있습니다. 실제로 작가, 디자이너, 연예인들은 두뇌선이 월구 쪽으로 가는 경우가 많습니다.

월구가 적당히 발달했다면 상냥하고 언어 표현력, 직감력이 좋은 편이지만 현실감각과 물욕이 다소 약한 특징이 있습니다. 만약 과도하게 발달한 경우에는 자기방어적 본능이 강하고 예술적 재능과 정신적·영적 특성이 강하게 드러납니다. 반면 발달이 미약한 경우에는 상상력과 창의력, 예술성이 부족하다고 볼 수 있습니다.

두뇌선이 월구로 뻗어가거나 운명선이 월구에서 시작하는 경우 월구의 특성이 지적인 성향과 직업운에 영향을 많이 미친다고 볼 수 있습니다.

월구가 과도하게 발달하면 세상과 잘 화합하지 못하는 경향이 있습니다. 타인이 봤을 때 심성이 괴팍하다 느낄 수 있습니다. 이기적이고 소심하고 활동력이 떨어지며 고독하여 정신적으로 불안을 느끼기 쉽습니다.

기본 삼대선

1
생명선

생명선이란?

생명선이란 엄지와 중지 중간인 제1화성구에서 출발하여 금성구를 감싸며 둥글게 내려가는 선을 말합니다. 생명선의 길이와 금성구의 크기를 보고 건강, 수명, 생명력, 가정운, 정력을 알 수 있습니다. 생명선 안쪽은 나의 가정이나 생활환경, 생명선 바깥쪽은 집밖의 외부 환경을 의미합니다.

강하고 건강한 생명선

생명선 자체가 진하고 굵으면서 손바닥 중간까지 생명선이 넓게 생성되면 강한 생명선입니다. 손금을 강물에 비유했던 것 기억나시죠? 길고 매끈하게 뻗어 있으며 장해선 없이 금성구가 넓은 경우 생명선이 강하다고 합니다.

생명선이 강하면 정신적으로나 육체적으로나 에너지가 강합니다. 질병에도 강하고 건강하죠. 인내심, 끈기, 지구력이 강하며 외부 자극을 이겨내는 성향도 강합니다.

약하고 병약한 생명선

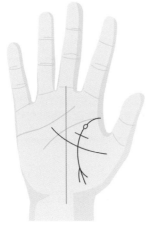

중지의 기준선보다 좁고 얇고 가늘게 뻗어 있거나 선이 흐트러지고 짧으면 약한 생명선입니다. 장해선과 섬모양, 꽈배기모양 등 끊어짐이 많은 경우에도 생명선이 약하다고 봅니다. 생명선이 약하면 기본 에너지가 약해 질병이나 외부 충격에 취약하고 예민합니다.

에너지가 부족하다 보니 성격도 내성적이고 소심한 편이며 이기적인 성향이 나타날 수 있습니다. 기본 에너지가 약해 외부 활동을 싫어할 수도 있습니다.

표준보다 높은 생명선

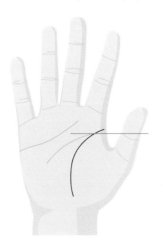

생명선이 표준선보다 높아 검지 부위에 가까울수록 목성구(검지)의 성향이 더욱 강해집니다. 이런 경우는 성공을 위한 욕망과 야심, 투쟁심, 리더십이 높아 노력을 많이 해서 큰 성공을 이루고 지도자의 위치에 오릅니다. 하지만 지나치게 발달하면 아집과 독선, 허황된 명예욕, 과시욕이 강해져 타인과의 충돌이 예상되니 조심해야 합니다.

표준보다 낮은 생명선

생명선이 표준선보다 너무 낮으면 제1화성구 성향이 강해집니다. 이런 경우는 운동선수나 몸을 많이 움직이는 직업이 맞으며 단체보다는 개인, 장기보다는 짧게 끝나는 일이 좋습니다. 단점으로는 참을성과 끈기가 부족합니다. 다혈질 성격으로 타인과의 다툼이 생길 수 있으므로 마음을 잘 다스려야 합니다.

생명선이 긴 경우

생명선이 길면서 진하면 에너지가 강한 것을 나타냅니다. 기본적으로 생활력이 강하고, 감정도 풍부하여 사회적으로도 성공을 이룹니다. 반면 길면서 얇다면 체력과 면역력이 떨어지고 의욕도 약해 건강뿐만 아니라 사회적인 활동도 약해집니다. 꾸준한 운동과 건강관리를 하면 손금은 다시 건강해지고 활동력도 강해집니다.

생명선이 짧은 경우

보통 생명선이 짧으면 건강상 문제가 생길 수 있습니다. 생명선이 굵으면서 짧은 경우 끊어진 시기에 갑자기 건강상 문제로 고생

할 수 있습니다. 특히 장이 좋지 않은 사람이 많습니다.

단, 생명선이 짧지만 굵고 선명하면 성격은 급하지만 정신력이 강하고 의욕적이어서 단기간 내에 큰 선공을 이루는 사람이 많습니다. 생명선이 짧으면 단명한다고 알려져 있으나 반드시 그런 것은 아니니 너무 걱정하지는 마세요. 건강에 주의를 기울이며 잘 관리하면 됩니다

생명선이 커지면서 연결된 경우

생명선이 확장되어 연결되면 그 시기마다 금성구 영역이 점차 넓어지는 것으로 해석됩니다. 그릇이 더 커진다고 볼 수 있죠. 금성구가 나타내는 집, 가정, 재물이 손금이 이어질 때마다 늘어나는 것과 같습니다. 이런 경우 다른 나라에 부동산이 있거나 이사, 이동을 하거나 해외 업무 등으로 외국에 나가게 됩니다.

여성의 경우 이런 손금은 결혼운으로 볼 수도 있습니다. 금성구가 확장되는 것은 재물이 확장되는 것으로 배우자의 재산이 많을 것으로 예측됩니다. 안쪽 지선이 생긴다면 배우자, 자식 등 새로운 식구가 늘어나는 것으로 풀이될 수 있고, 바깥쪽 지선이 생긴다면

외국으로 여행을 가거나 새로운 집을 장만하는 것으로 풀이될 수 있습니다.

생명선이 확장되거나 이어진 시기에는 운의 변화가 생기는데, 본인이나 주변에 생기는 변화를 주의 깊게 보고 있다가 변화의 흐름을 타면 좋은 기회를 잡을 수 있습니다.

생명선이 작아지면서 연결된 경우

기존 생명선보다 작아지면서 연결되면 금성구의 힘이 그만큼 줄어드는 것을 의미하여 건강, 가정, 재물 등이 위험해질 수 있습니다. 선이 줄어드는 시기에는 건강에 주의해야 하며 가정적으로도 불안할 수 있으니 조심하세요. 특히 큰 투자나 재산상의 움직임은 위험하니 주의해야 합니다.

생명선의 지선

생명선에서 나온 지선은 그 위치와 뻗어가는 방향에 따라 의미가 다릅니다. 생명선에서 나와 손가락을 향해 위로 올라가는 상향지선에는 향상선, 개운선, 자수성가선이 있습니다. 이 상향지선을 볼 때는 선이 어떤 구로 가는지 확인해야 하는데, 손금이 향하는 구의 특징을 강하게 나타내기 때문입니다.

생명선에서 니와 아래로 내려가는 하향지선은 신상의 변화를 암시합니다. 생명선의 하향지선은 생명선의 에너지를 빼앗거나 나누는 역할을 합니다. 특히 생명선 하단부의 하향지선은 건강이 약화되는 것을 의미합니다. 그리고 이동, 생활의 변화를 암시하기도 합니다. 생명선을 볼 때는 생명선 자체의 길이, 굵기 등을 확인하고 다음으로 생명선에서 뻗은 지선을 확인합니다.

부 생명선(이중 생명선)

금성구에 생명선과 같이 생기는 선을 부 생명선이라 하는데, 주생명선이 더욱 강해지게 보조하는 역할을 합니다. 이중 생명선은 생명선이 두 개 있는 것과 같다고 생각하면 됩니다. 직관적으로 '목숨이 두 개'라면 좋겠죠? 그래서 이중 생명선은 강한 생명선이라고 긍정적으로 해석됩니다.

외부나 내부에 횡으로 지나가는 장해선이 생기거나 생명선에 섬모양 등 안 좋은 선이 생겨도 이중 생명선은 이중으로 막아주는 탄탄한 보호막이 있어 웬만한 내외부적인 건강 문제나 외부 사건도 스스로 충분히 이겨낼 수 있는 힘을 갖추게 됩니다.

생명선의 상향지선

생명선에 위로 올라가는 상향지선이 생기는 것은 그만큼 기회가 많다는 것을 의미하며 그 시기는 행운(기회)이 크게 생기는 것과 같습니다. 상향지선이 향하는 방향에 따라 해석이 다릅니다. 상향지선을 발견했다면 과감하고 자신감 있게 도전해보세요.

1. 검지(목성구) 방향: 초년에 성공운이 강해지고 권력운, 명예운도 강해짐. 승진, 합격 등 이름을 알리는 기회가 생김.
2. 중지(토성구) 방향: 하면 된다는 자신감으로 노력한 만큼 이루어진다고 해석.
3. 약지(태양구) 방향: 개인의 행복, 행운, 명성이나 재물적 이익을 얻는 것으로 해석.
4. 소지(수성구) 방향: 새로운 아이템 개발, 사업 성공이나 확장, 유동자산의 증가를 의미.

목성구를 향해 뻗은 상향지선

생명선에서 나와 검지 아래 목성구 방향으로 올라가는 선을 향상선(성공선, 야망선)이라고 합니다. 목성구로 올라가기 때문에 목성구의 특징인 성취욕, 권력욕, 리더십 등이 강해집니다. 남에게 지기 싫은 욕구가 강해 남들보다 더 많은 노력을 하게 만드는 선입니다.

향상선이 있으면 대체적으로 성적이 우수하고, 시험, 취업 등을 잘합니다. 향상선이 없다면 생각만 하고 노력은 별로 하지 않아 큰 소득이 없습니다. 향상선의 위치를 보면 10대~20대 후반까지라 '초년운'이라는 것을 알 수 있죠? 특히 초년기의 학업 성적, 취업, 투자 등의 성취도와 관련이 높습니다.

생명선에서 뻗은 짧은 상향지선

생명선에서 뻗어 두뇌선을 넘지 않는 상향지선을 개운선(행운선, 노력선)이라 합니다. 개운선은 대체로 선이 굵고 짧은 것이 특징입니다. 선의 길이는 보통 1cm 미만으로 생명선에서 위로 올라갑니다. 보통 3~4개의 선이 있는데, 성공한 사람의 경우 많게는 10개까지 나타나기도 합니다.

선이 굵고 길수록 성취도가 크고,

큰 재물을 모읍니다. 개운선은 말 그대로 '운이 열린다'라는 뜻인데, 특히 고정자산을 통한 재산의 증식이 많이 발생합니다. 부동산 취득에도 좋고, 사업 등 새로운 일을 시작하는 데도 좋습니다. 이 선이 나타났을 때 승진, 결혼하는 사람도 많습니다.

자수성가선(제2의 운명선)

자수성가선이란 생명선에서 위로 올라가는 선입니다. 자수성가선과 개운선의 차이는 선의 길이입니다. 선이 두뇌선을 통과해 중지로 뻗어 오르면 자수성가선으로 봅니다.

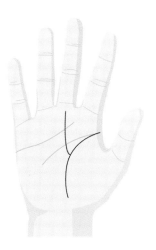

자수성가선은 운명선과 마찬가지로 직업과 인생길을 나타냅니다. 보통 운명선을 받쳐주는 역할을 하며, 자수성가선이 나타나는 시기에 투잡을 하는 등 하는 일이 많아집니다.

생명선의 하향지선

여행선

생명선에서 나와 월구를 향하는 지선을 여행선이라 합니다. 이 선은 이사, 여행, 생활의 변화를 암시합니다. 선의 길이가 길수록 이동거리가 길어지고 생활의 변화가 심해집니다. 선의 길이가 짧다면 해외여행, 이사, 근무지 이동 등을 나타내고, 여행선이 생명선과 멀리 길어진다면 해외나 지방으로 이동하게 됩니다.

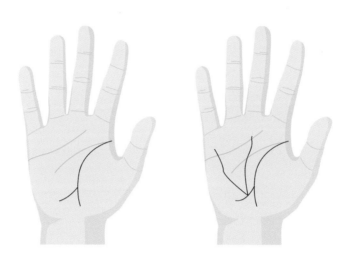

여행선 위로 운명선, 재운선이 올라가는 경우 여행, 이민, 해외에서의 성공과 인연이 있습니다. 해외에서 사업을 시작하거나 직업을 찾으면 크게 성공하고, 여행에서 좋은 아이템을 얻어오는 경우도 많습니다.

생명선 끝에 지선이 세 줄 이상인 경우

생명선 끝에 지선이 세 줄 이상 있는 경우 과로로 인해 건강이 나빠지기도 합니다. 대장, 생식기 질환, 히스테리, 우울증, 조급증, 이기적인 성향이 강해집니다. 스트레스성 질병, 화병에 시달리게 됩니다. 끝이 빗자루처럼 생긴 경우는 노년에 급격히 체력이 떨어질 수 있으니 평소 건강관리에 주의해야 합니다.

생명선의 안쪽 세로선

생명선의 안쪽 금성구에 나타나는 세로선은 '배우자선, 보조선, 영향선, 인복선, 음덕선' 등으로 다양하게 불립니다. 금성구 안에 나타나는 세로선은 모두 생명선을 강화시키고 더 좋게 만드는 선으로 많으면 많을수록 좋은 작용을 합니다.

금성구에 세로선이 많으면 금성구의 작용으로 낙천적이고 명랑하고 사교적이라 주변 사람들과 잘 어울리며 신체 에너지와 성적 에너지도 강해 이성에게도 인기가 많습니다. 반대로 금성구 내에 세로선이 적거나 없으면, 신체적인 에너지가 약해져 사교성이 부족하고 건강도 좋지 않아 적극적인 활동을 할 수 없어 사회생활을 하는 데 어려움이 생깁니다.

영향선

생명선 시작 부위에 나타나는 세로선은 영향선이라고도 하는데, 초년에 부모나 주변 사람들에게 좋은 영향을 받아 많은 혜택과 지원을 받는 것을 의미합니다. 반대로 초년 세로선이 적거나 없으면 부모의 혜택을 적게 받고 불안정한 가정에서 성장한 것을 나타냅니다.

인복선

생명선 중간 부위에 나타나는 세로선은 인복선이라고도 하는

데, 말 그대로 주변 사람에게 덕을 많이 받는다는 의미입니다. 생명선 중간 부위는 보통 30대~60대 사이를 나타내는데, 사회적으로 가장 활동이 많고 주변 사람들과의 교류가 많은 시기여서 이 시기에 금성구에 세로선이 많다면 주변 사람에게 많은 사랑과 도움을 받을 수 있습니다. 반대로 이 부위에 세로선이 적거나 없으면 주변 사람에게 도움을 받지 못해 혼자 많은 고생을 하게 됩니다.

음덕선

생면선 후반부에 나타나는 선은 돌아가신 조상이 돌봐주는 선이라 해서 음덕선이라 합니다. 음덕선이 많으면 조상에게 물려받을 재산이 있거나 조상이 늘 뒤에서 돌봐주는 것과 같아 큰 고난이나 어려움이 생길 때 슬기롭게 넘어갈 수 있습니다. 이 선이 있으면 말년운, 자식운이 좋다고 볼 수 있습니다.

배우자선

생명선 안쪽 금성구에 생명선에 붙어 생긴 선을 배우자선이라 합니다. 배우자선은 새로운 가족이 늘어나는 것을 의미합니다. 개운선이 올라가면서 생명선 안쪽에 배우자선이 생기면 좋은 일이 생기면서 결혼을 하는 것과 같습니다. 능력이 좋은 사람과 결혼하거나 재산이 늘어나면서 결혼을 하는 것을 의미합니다. 배우자선의 유형에 따라 부부 사이의 관계도 알 수 있습니다.

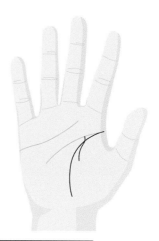

배우자선의 유형

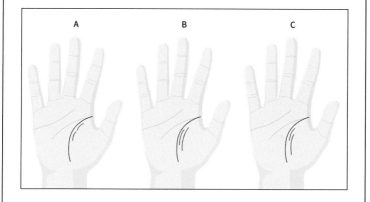

A. 기존 배우자선이 끊어지고, 새로운 배우자선이 나타나면: 이혼 후 재혼. 배우자선이 끊어진 시점에 이혼을 하고 새로운 배우자선이 생기면 새로운 사람을 만나 결혼하는 것을 의미합니다.
B. 기존 배우자선은 그대로인데 안쪽에 새로운 배우자선이 생기면: 바람. 기존 배우자와 결혼을 유지하지만 더 좋아하는 사람을 만나는 것을 의미합니다.
C. 기존 배우자선은 그대로인데 외부에 새로운 배우선이 생기면: 외

부 조력자. 기존 배우자와의 결혼과 사랑은 유지되지만, 외부에서 나를 도와주는 사람이 생깁니다.

생명선에 나타나는 불길한 신호

생명선이 끊어지는 경우

생명선 일부가 갑자기 끊어지면 그 시기가 되었을 때 질병이나 사고로 인한 건강에 이상이 생길 수 있습니다. 가정을 의미하는 금성구의 변화로 생활환경에 큰 변화가 생깁니다. 이런 손금이 나타난다면 평소 건강관리에 신경을 쓰도록 합니다.

섬모양이 생기는 경우

섬모양은 에너지를 반감시켜 건강이 좋지 않고, 혈을 정체시켜 종양이나 암을 유발합니다. 섬은 '막혔다'는 뜻입니다. 강에 모래나 자갈이 있어 물이 잘 흐르지 못하는 경우와 같습니다. 건강이나 에너지가 막혀 쉽게 분출되지 못하니 성취가 높을 수 없습니다.

별모양이 생기는 경우

생명선에 나타나는 별모양이나 십
자모양은 건강이나 신변에 갑작스러
운 변화가 생기는 것을 예고합니다.
보통 건강에 문제가 많이 발생합니
다. 갑작스러운 사고 등의 큰 충격을
받는다는 것을 암시합니다.

생명선 모양이 찌그러진 경우

생명선이 안쪽으로 찌그러지거나
쪼그라드는 경우도 있습니다. 생명선
유년시기에 병적인 문제가 발생할 수
있습니다. 운명선도 장해선이 될 수
있는데 운명선으로 인해 생명선이 끊
어지면 생명이 위험할 수 있습니다.

가로 횡선이 지나가는 경우

생명선을 가로 횡선이 지나는 경
우는 대부분 그 시기에 운이 막힘을
나타내는데 기본적으로 건강에 문제
가 생기고, 정신적으로나 육체적으로
피로감이 많아지고, 의욕이 떨어져 경
제적으로도 어려워집니다.

가로로 지나가는 선이 길고 두꺼
울수록 충격이 커지고, 잔선같이 짧고

얇게 생명선을 지나가면 컨디션이 떨어지는 정도입니다.

생명선이 흐트러지거나 끝이 약한 경우

생명선이 흐트러지거나 끝선이 갈라져 내려오는 경우가 있습니다. 이 경우 생명선의 기운이 약 30% 정도 약화되어 그만큼 좋은 운이 사라지는 것으로 봅니다. 끝이 갈라져 내려오면 그만큼 운과 에너지가 분산됩니다. 에너지가 약해지기 때문에 건강상 문제도 발생할 수 있습니다. 특히 대장, 자궁, 생식기 등 하복부가 약해질 수 있고, 정신적으로 우울증이 생길 수 있어 주의해야 합니다.

2
두뇌선

두뇌선이란?

두뇌선이란 생명선의 시작점인 제1화성구에서 출발하여 손바닥을 지나는 선을 말합니다. 두뇌선은 지능선이라고도 하는데 사람의 사고방식, 관심 영역, 재능, 직감력, 지혜와 적성을 보여주는 선입니다. 기본적으로 두뇌선은 자아, 정체성, 의지 등을 나타내기 때문에 다른 선이 약하더라도 두뇌선이 강하고 좋으면 다른 선의 결점을 충분히 보완할 수 있습니다. 인간은 생각하는 동물이기 때문에 손금에서 두뇌선이 차지하는 역할이 매우 큽니다. 건강 측면에서 봤을 때 두뇌선은 신경정신과 질환, 두부 손상, 뇌졸중, 안과질환 등과 같이 뇌 건강과 밀접한 관련이 있습니다.

강하고 굵은 두뇌선

전체적으로 선이 굵고 매끈한 S자 형태를 띠면서 선이 길면 강한 두뇌선이라고 합니다. 대체로 기억력과 집중력이 좋습니다. 두뇌선이 S자 모양으로 휘어 있다면 두뇌가 매우 발달했다고 봅니다.

강한 정신력과 사고력으로 삶에

자신감이 있고, 골치 아픈 일이 생겨도 중간에 포기하거나 그만두지 않습니다. 주관이 뚜렷하고 사고 과정이 분명하여 논리적으로 이해하고 행동합니다. 다만 두뇌선의 굴곡이 크면 생각이 많아 행동이 늦어집니다.

약하고 흐린 두뇌선

선이 꺾이거나 사슬모양처럼 분명하지 않으면 약한 두뇌선이라 합니다. 두뇌선이 짧거나 흐리고 잔선이 많이 지나가도 두뇌선이 약하다고 봅니다.

두뇌선이 약하면 판단력, 이해력, 사고력, 집중력이 떨어집니다. 의사결정이 늦고 삶에 대한 자신감도 부족합니다. 신경계통이 불안정하며, 소심하고 정신력이 상대적으로 약합니다. 뇌장애를 겪거나 정신적 고통, 스트레스를 많이 받을 수 있습니다.

두뇌선이 긴 경우

두뇌선이 약지와 소지 중간 부분을 넘어가면 두뇌선이 길다고 합니다. 지적 욕구가 강하고 장기적 성과를 내는 데 좋습니다. 탐구심과 학업 성취욕도 강합니다.

두뇌선이 길면 당연히 머리가 좋고 학업 성적이 좋습니다. 집중력이

좋아 한 분야에 큰 성공을 이루며 머리를 쓰는 직업인 연구직, 전문직, 예술인이 많습니다.

　단, 너무 심사숙고하다 보니 행동도 그만큼 늦어져 좋은 기회를 놓치는 경우가 생길 수 있습니다. 두뇌선이 기준선 이상으로 너무 길면 정신적인 스트레스로 인한 우울증이 생길 수 있으니 늘 주의하시길 바랍니다.

두뇌선이 짧은 경우

　중지와 약지 중간 부분을 기준으로 봤을 때, 이 기준을 넘지 못하면 두뇌선이 짧다고 합니다. 상대적으로 머리를 쓰거나 깊게 생각하는 것을 싫어하고, 바로 판단하고 행동하는 것을 좋아합니다. 이런 분들은 현실적, 물질적 문제에 관심이 많습니다.

　직감력, 운동신경, 판단력이 좋아 행동이 빠르고 학업적으로 임기응변, 벼락치기에 강합니다. 싫증을 빨리 느끼고 성격이 급해 일을 끝까지 하기 어렵습니다. 몸을 많이 쓰는 운동선수나 직관이나 판단력이 필요한 직업이 좋습니다.

　단, 너무 직감과 판단력만 믿고 행동하다 보면 실수가 많아질 수 있으므로 매사 행동을 할 때 한 번 더 생각한 후 움직이도록 합니다. 두뇌선이 기준점에 비해 많이 짧다면 뇌질환의 위험이 있으니 주의하세요.

두뇌선이 곡선인 경우

곡선의 두뇌선은 구불구불한 산길과 같습니다. 감성적이고 상상력이 풍부합니다. 곡선형 두뇌선은 사고의 유연성이 강한 것이 특징입니다. 다양한 사고력과 관심 분야도 많아 여러 분야에 재주가 많습니다.

하지만 너무 많은 곳에 관심을 두다 보면 전문성이 결여되고 우유부단한 성향이 될 수 있습니다. 곡선이 심할수록 이런 성향이 더 강해집니다. 생각만 하고 결정을 못 해 기회를 놓치는 경우가 생기므로 되도록이면 단순하게 생각하고 움직이는 것이 좋습니다.

두뇌선이 직선인 경우

일직선 두뇌선은 고속도로와 같습니다. 두뇌선이 일자로 곧게 뻗으면 보통 화성구의 특징을 강하게 가져 투쟁심이 강해지고 끈기, 인내심이 강하고 단순하고 합리적이고 현실적인 성향이 강해집니다. 집중력이 좋고 주의력이 산만하지 않아 한 분야의 전문가가 많습니다. 군경 분야, 법학 분야, 투자 분야에서 많이 볼 수 있는 손금입니다.

두뇌선이 굵고 짧고 일직선일수록 이런 성향은 더 강해집니다. 직선형 손금은 성격이 급하고 이기적이며 자기중심적으로 자신감도 강해 거만하게 보이는 경우가 있습니다. 너무 강한 성격 때문에 오해를 사고 손해를 볼 수 있으므로 남을 배려하는 마음을 가지는 것이 좋습니다.

시작점과 끝점으로 본 두뇌선

두뇌선이 어느 구(부위)에서 출발하여 어느 구(부위)로 향해 가느냐에 따라 어디에 관심을 가지고, 어떤 재능이 있는지를 파악할 수 있습니다. 두뇌선이 출발하는 시작점 위치로 기본 성향, 기질 등을 볼 수 있고, 두뇌선이 도착하는 끝점 위치로 관심 분야, 재능, 적성 등을 볼 수 있습니다.

시작점으로 본 두뇌선

생명선과 떨어져 시작하는 경우

두뇌선이 생명선과 떨어져 목성구에 가까워질수록 두뇌선은 목성구의 영향을 받아 독립심, 리더십, 명예욕, 성공 욕구가 더욱 강해집니다.

생명선은 금성구의 영향을 받아 가족애, 애정, 사랑 등 화합의 기운을 나타내는데, 두뇌선이 생명선과 떨어져 목성구에 가까워질수록 구속, 속박을 싫어해 독립하려는 성향이 커집니

다. 두뇌선이 검지(목성구)로 향할수록 독립심이 더욱 강해집니다.

생명선과 정상적으로 출발하는 경우

두뇌선과 생명선이 출발점이 같고 자연스럽게 갈라지는 경우입니다. 손금을 보면 대부분 이런 유형입니다. 제1화성구에서 출발하는 두뇌선은 제1화성구의 영향을 받아 적극성, 투쟁심, 어려움을 헤쳐나가는 용기와 의지를 갖게 되어 교우관계나 사회생활을 할 때도 큰 어려움 없이 잘 적응을 합니다.

생명선에서 늦게 출발하는 경우

두뇌선이 생명선의 유년 나이로 20세 이후 늦게 출발하는 경우입니다. 두뇌선이 생명선 금성구의 영향을 많이 받습니다. 부드럽고 상냥하며 가족애는 강하지만, 반대로 본인 스스로 인생을 헤쳐나가려는 독립심이 약해 부모나 주변에 의지하려는 경향이 있습니다. 이런 두뇌선은 어릴 때 건강이 약했거나 부모의 간섭이 너무 심해 마마보이 같은 성향이 나타납니다. 또는 정신적으로 연약하고 섬세한 경우가 많습니다.

생명선과 지선으로 연결된 경우

두뇌선이 생명선과 떨어졌지만 지선으로 연결되었다면, 독립적 두뇌선의 성향과 정상적 두뇌선의 성향을 모두 갖는다고 봅니다. 독립적이지만 생명선(금성구)의 가정을 지키려는 끈도 놓지 않고 있는 것과 같습니다. 가정에 대한 책임감이 강해 결혼하면 가족을 잘 챙깁니다.

생명선 안쪽에서 시작하는 경우

두뇌선이 생명선 안쪽 제1화성구에서 시작하는 경우, 제1화성구의 특징인 공격적이고 투쟁적인 성향을 갖습니다. 또한 이기적이고 물욕도 많습니다. 생명선 안에서 출발했기 때문에 마마보이 기질이 강하고 감정기복이 심한 사람이 많습니다. 기본적으로 사고력, 학습력, 집중력, 자립심이 약하므로 어릴 때부터 독립심을 키워주는 교육이 필요합니다.

끝점으로 본 두뇌선

월구로 향하는 경우

두뇌선이 곡선을 그리며 길게 밑으로 내려갈수록 월구의 성향이 더 강해집니다. 월구의 특징인 상상력과 감수성이 풍부해져 예술적, 문학적 재능이 발달하고, 상상력이 뛰어나 아이디어가 좋습니다. 단, 기발함과 상상력은 좋지만 현실과 동떨어지거나 계획만 세우고 실천하지 않는 경우가 많습니다. 두뇌선이 길어져 월구 안쪽으로 향할수록 그 성향은 더 강해집니다.

소지(수성구)로 향하는 경우

두뇌선 끝선이 소지를 향해 올라갈수록 수성구 성향은 더욱 강해집니다. 수성구의 가장 큰 특징인 금융, 투자, 사업 등 경제 감각이 발달하고, 또한 머리가 좋고 지적 능력이 좋아 과학, 창조, 연구 등에 강합니다.

단점은 두뇌 회전이 빠르다 보니 남을 얕보는 성향이 있습니다. 도덕관념도 약해 수단과 방법을 가리지 않고 재산을 축적하기도 합니다. 만약 돈을 적게 번다면 물욕이 지나

치게 강해 인색한 삶을 살 수 있습니다. 소지가 길다면 그 성향이
더 강해집니다.

손바닥 중간(제2화성구)으로 향하는 경우

두뇌선이 일직선으로 뻗어 손바닥
끝에 가까워질수록 제2화성구의 성
향이 더 강해집니다. 제2화성구의 특
징인 실용적, 분석적, 비즈니스적 재
능이 뛰어납니다. 지구력, 인내력, 끈
기, 승부욕이 강해 일찍 성공을 이룹
니다.

단, 제2화성구로 향하는 선이 너
무 강하면 반골 기질과 저항 정신이
강하게 나타나고, 두뇌선이 짧으면 시작도 포기도 빨라 고난과 역
경에도 쉽게 굴복할 수 있습니다. 두뇌선이 감정선과 합쳐질수록
그 성향은 더 강해집니다.

두뇌선이 여러 개인 경우

두뇌선이 두 개, 세 개 이상 있는 경우 다중 두뇌선이라고도 하
는데, 두뇌선이 여러 개 있다는 것은 컴퓨터 CPU(중앙처리장치) 안
에 코어가 여러 개 있는 것과 같습니다. 두뇌선이 두 개 이상이면
일반인보다 두뇌 회전도 좋고 기억력도 뛰어나 동시에 두세 가지
일을 빠르게 처리할 수 있는 사람입니다.

두뇌선이 여러 개인 사람은 머리도 좋고, 승부욕, 성취욕, 독립심

도 강해 어릴 때부터 자기만의 길을 가는 경우가 많습니다. 일찍부터 남다른 재능으로 큰 성공을 이루기도 하지만, 어린 나이에 실패와 좌절을 맛보아 사회에 적응을 하지 못하기도 합니다.

두 선이 같이 시작하는 경우

두 선이 같이 시작하는 이중 두뇌선은 의지력이 강하고, 성취욕이 강해 일찍부터 학문이나 사회적으로 탁월한 재능을 발휘합니다. 출발점이 검지(목성구)에 가까울수록 독립심, 승부욕, 성취욕이 더 강해져 사회적으로 큰 성공을 이룹니다.

에너지도 강하고 재능과 관심 분야가 많아 보통 한 가지 직업보다는 여러 직업과 특기를 가지고 있고, 여러 분야에서 성과를 얻습니다.

두 선이 떨어진 경우

두 선이 끊어져 떨어져 있는 두뇌선은 이중 두뇌선으로 보이지만, 불안정한 두뇌선입니다. 이중 두뇌선의 장점을 살리지 못하고, 두뇌선이 두 개이다 보니 오히려 방향을 못 잡아 더 불안하고 혼란스러워하는 경우가 많습니다.

두 선이 독립적으로 떨어져 좋은

작용을 하면 적성과 재능이 다양하게 발달하여 두 개 이상의 직업을 갖거나 여러 분야에서 큰 성과를 얻을 수 있지만, 두 선이 끊어진 모양이면 정신적으로 힘든 경우가 많습니다.

학업이나 일이 도중에 중단되거나 사고방식이나 가치관이 갑자기 변할 수 있습니다. 특히 두뇌선의 흐름이 달라지는 시기에 변화가 심한데, 사고방식이나 가치관, 직업적 적성이 현저하게 변합니다. 또한 자아정체성 혼란이나 자신감 상실 등을 경험합니다.

두 선이 겹치는 모양인 경우

이중 두뇌선의 방향이 서로 어긋나 마치 섬처럼 보이는 불완전한 모양을 하고 있습니다. 이런 경우는 두뇌선이 약해져 정신이나 신경에 문제를 일으켜 사회적으로 적응하는 데 힘들 수 있습니다. 반대로 예술 분야나 수리 분야 등에 탁월한 능력을 발휘하는 경우도 있습니다. 하지만 두뇌선이 겹치는 때에 정신적으로나 머리 쪽에 문제가 생길 수 있으므로 늘 주의해야 합니다.

한 선이 금성구에서 출발하는 경우

두뇌선이 두 개인데 한 선은 정상적으로 흐르고 그중 한 선이 생명선 안쪽 제1화성구에서 출발하면 평상시에는 일반적인 두뇌선의 성향으로 정상적인 행동을 합니다. 그러다 자신의 계획대로 일이 잘 풀리지 않거나 주변 환경이 안 좋게 변하면 숨겨져 있던 제1화

성구의 성향이 드러납니다. 제1화성구의 이기적이고 자기방어적 성향이 강해져 성격이 과격하고 폭력적으로 변해 인간관계에 문제를 일으키거나 사회적으로 물의를 일으키는 경우도 있습니다.

두뇌선이 여러 선인 경우

두뇌선이 2중, 3중, 그 이상으로 여러 선이 나타나는 경우 좋게 보면 그만큼 지적 능력이 향상된다고 볼 수 있습니다. 학업이나 전문직 등 자격요건이 필요한 일에 성취가 빠를 수 있습니다. 다만 두뇌선이 많은 만큼 뇌신경이 극히 발달해 예민해질 수 있습니다.

두뇌선이 여러 개인 다중 두뇌선인 경우는 그중 가장 강한 주선을 먼저 확인해야 합니다. 가장 강한 주선을 기준으로 적성, 재능을 설정하고 나머지 두뇌선이 가는 방향의 재능을 살펴보면 됩니다.

3

막쥔손금

막쥔손금이란 두뇌선과 감정선이 합쳐진 형태의 손금을 말하는데 일자손금, 원숭이손금이라고도 합니다. 막쥔손금은 두뇌선(이성)이 강해져 감정선(감성)을 지배한다고 생각하면 됩니다.

막쥔손금은 감정선의 감정보다는 두뇌선의 이성이 강해진 형태로 제2화성구 성향이 극대화 되어 더욱 공격적이며 냉철하고, 성공을 위해서는 수단과 방법을 가리지 않으며 감정보다 이성이 앞서는 행동을 합니다.

완벽주의자로 성공욕, 승부욕, 정신력, 자기 통제력이 강합니다. 물질적 성공이나 사회적 성취에 대한 관심과 욕망이 큰 편이죠. 남다른 역량과 수완으로 사회적으로 크게 성공할 가능성이 커 사업가나 전문직, 학자로 성공한 지식인이 많습니다. 하지만 단순하고 한곳에 몰입하는 자기중심적 사고방식으로 남을 배려하지 않고 행동을 하는 성향이 있어 타인과의 교류와 인간관계를 힘들어 하는 경우가 많습니다.

두뇌선만 있는 일자형 막쥔손금

두뇌선이 감정선(감성)과 합쳐져 두뇌선(이성)만 남는 경우입니다. 감정선이 없고 두뇌선만 남다 보니 감정보다는 이성적으로 판

단해 집중력이 좋고 승부욕, 자기 통제력, 성공 욕구가 강해 남들보다 어린 나이에 일찍 성공을 이룹니다.

단, 성격이 너무 강하고 자기중심적이다 보니 학창 시절부터 나갈 방향을 정하지 못하면 강한 성격으로 사회생활에 어려움을 겪는 경우가 많습니다.

독립적 두뇌선 형태의 막쥔손금

두뇌선과 감정선이 합쳐진 막쥔손금이면서 생명선에서 떨어진 경우 독립된 두뇌선의 성향과 막쥔손금의 성향이 합쳐집니다. 독립된 두뇌선의 성향인 독립심, 리더십, 명예심, 성취 욕구 등과 막쥔손금의 성향인 성공욕, 승부욕, 자기 통제력, 완벽주의자적인 성향이 합쳐져 막쥔손금 중에서도 가장 강한 성향을 가집니다.

이런 손금은 독립심과 승부욕, 모험심이 너무 강해 누구 말도 듣지 않고 나만의 삶을 추구하는데, 자기가 원하는 성과를 얻지 못한다면 남들보다 인생에 기복이 심해져 힘든 삶을 살 수 있습니다. 두뇌선이 목성구에 가까워질수록 이런 성향이 더 강해집니다.

부드럽게 휘어진 막쥔손금

일자형 막쥔손금의 강함만이 아닌 유연성과 부드러움이 가미됩니다. 일자형 막쥔손금의 장점인 승부욕, 성공욕, 완벽주의자적인 면과 두뇌선 굴곡으로 인한 유연한 사고방식과 상상력, 부드러움이 합쳐지며 예능적인 재능이 강해져 방송이나 예술 분야에서 성공할 수 있습니다. 여기에 감정선이 막쥔손금 위에 추가되면 감성이나 미

적 감각, 예술적 감각이 더욱 풍부해집니다. 예술인, 방송인, 연예인 중에 이런 손금이 많습니다.

막쥔손금에 금성대가 있는 경우

금성대란 감정선의 위쪽에서 토성구와 태양구를 둘러싼 활 모양의 잔선을 말하는데 일명 연예인선, 예술가선, 사랑의 선이라고도 합니다.

막쥔손금에 금성대가 나타나면 막쥔손금의 성공욕, 투쟁력, 냉철함과 금성대의 성향인 끼, 매력, 인기, 예술성이 합쳐져 지적으로 세련되며 남들과는 다른 묘한 매력이 생깁니다.

이런 손금이 있으면 끼와 성공욕이 강해져 예술 분야에서 연예인, 예술가로 성공하거나 아니면 창의력을 발휘하는 게임이나 IT

분야에서 어린 나이에 일찍부터 큰 성과를 발휘합니다.

단, 금성대가 한 줄이 아닌 여러 줄에 지저분한 모양으로 나타나면 오히려 막쥔손금의 난폭함, 이기적 성향과 금성대의 음침하고 탐욕적인 성향이 강해집니다.

두뇌선 지선이 있는 막쥔손금

막쥔손금에 두뇌선의 지선이 있는 경우가 있습니다. 야심이 크고, 그에 맞게 능력도 좋고 리더십도 뛰어납니다. 인간관계와 처세술도 좋아 사회생활을 하는 데 재능을 발휘하여 중요한 인재가 됩니다. 두뇌선의 지선이 어느 구로 향하느냐에 따라 그 구에 있는 재능이 막쥔손금의 성향과 합쳐져 그 재능은 배가됩니다.

감정선 지선이 있는 막쥔손금

막쥔손금에 감정선의 지선이 있는 경우 막쥔손금의 냉철하고 무미건조한 성향이 감정선의 지선으로 한결 부드러워집니다. 감성적, 예능적, 심미적 성향이 강해지게 됩니다.

감정선이 두뇌선과 붙어 어느 구로 향하느냐에 따라 성향이 달라지는데 검지(목성구)로 향하면 리더십과 성공욕, 승부욕이 더 강해져 일찍부터 이름을 알립니다. 중지(토성구)로 향하면 상상력이 뛰어나 종교, 철학, 문학 등 예술 분야에서 두각을 나타냅니다.

불안정한 막쥔손금

막쥔손금이지만 꽈배기처럼 꼬여 있거나 중간에 큰 섬모양이 있거나 끊어지듯 연결되면 감정선의 불안정한 기질이 강하게 나타납니다. 막쥔손금의 강한 사고력, 의지력, 집중력이 오히려 저하되어 학습 능력이나 업무 능력이 저하될 수 있습니다.

전체적으로 외부 스트레스에 대한 저항이 약하며 불안정한 감정선의 영향으로 소심하고 내성적인 성향입니다. 다소 이기적이고 조급한 성격과 불안정한 성향이 나타날 수 있습니다.

4

두뇌선의 지선

두뇌선에 지선이 생기는 경우가 있습니다. 선천적으로는 호기심이 많고 창의력과 머리가 좋은 경우 나타나고, 후천적으로는 학습이나 경험, 사고 영역의 변화에 따라 지선이 나타납니다. 지선이 나오는 시점을 유년법으로 계산하면 그 나이에 어떤 변화가 있는지 알 수 있습니다.

끝이 갈라지는 가닥수가 많을수록 지적으로 섬세해지고 관심 영역이 넓어지는 것을 의미합니다. 다만 너무 많으면 생각이 많고 우유부단하며 신속성이 떨어집니다. 만약 감정선은 단순한데 두뇌선만 갈라져 있다면 관심 영역은 많지만 꼼꼼하지는 않습니다.

두뇌선의 지선이 시작점에 가깝게 일찍 갈라지는 경우는 이른 나이에 여러 분야에 관심을 가집니다. 머리가 좋고, 어학 능력이 뛰어나며 여러 분야에 두각을 나타냅니다. 지선이 늦게 갈라진다면 그만큼 나이 들어 여러 분야에 관심을 갖게 되거나 여러 취미 생활을 즐기게 됩니다.

그러나 50대 이후 두뇌선이 여러 갈래로 갈라진다면 뇌졸중, 치매, 중풍 등 뇌질환의 위험이 있으니 건강에 주의합니다.

두뇌선의 상향지선

두뇌선의 지선이 상향인 경우

두뇌선의 지선은 후천적으로 개발된 재능, 관심, 성취를 나타내는데 지선이 어느 구로 향해 상향하는지가 가장 중요합니다.

1. 검지(목성구) 방향: 학문적 성취, 사회적 명예 등이 발달.
2. 중지(토성구) 방향: 성취감, 정신적 깨달음이 발달.
3. 약지(태양구) 방향: 대외적 활동, 사회적 성취, 예술적 감성이 발달.
4. 소지(수성구) 방향: 과학적, 사업적 성공, 투자 감각이 발달.

두뇌선의 상향지선은 정신적 에너지 및 운을 좋게 하는 작용을 합니다. 뻗어 나가는 방향에 따라 특성은 달라지지만 보통 지적인 성취, 재능의 개발로 새로운 분야를 개척해갑니다.

상향지선으로 개운의 시기도 알 수 있습니다. 두뇌선을 유년으로 계산하여 상향지선이 생긴 시기에 개운이나 행운이 따릅니다. 두뇌선에서 상향지선이 뻗었기 때문에 머리를 써서 하는 지식 사업, 투자 등에 운이 있습니다.

두뇌선의 하향지선

두뇌선 지선이 하향인 경우

대부분 손금이 위로 상향하면 운이 상승한다고 보고, 손금이 아래로 하향하면 운이 하락한다고 봅니다. 두뇌선은 나의 자아, 정체성, 관심 분야, 의욕 등을 관할하는데 두뇌선에서 지선이 하락한다는 것은 무엇을 하려는 의지와 의욕이 사라진다는 것을 의미합니다. 이런 경우 집중력과 지속력이 약해져 결단력 부족으로 무기력증에 빠지는 경우가 많습니다.

두뇌선의 지선이 많이 갈라진 경우

손금에서 끝 지점이 많이 갈라질수록 감성이 풍부해지고, 소심하고 예민하고 꼼꼼한 성향이 강해집니다. 잔선은 생각, 에너지의 분산을 의미합니다.

두뇌선 끝부분이 약간 떨어져 가늘게 월구로 향한다면 외로움, 고독함을 느끼는 것인데, 이런 감정 때문에 외부 활동도 위축되고 심한 우울증이 생길 수 있습니다.

두뇌선에 나타나는 불길한 신호

두뇌선에 장해선이 많은 경우

두뇌선 위에 대각선으로 지저분한 선이 지나간다면 꼭 머릿속에 안개가 낀 것과 같아 쉽게 피로해지고, 잡생각이 많아져 학업 성과나 일의 능률도 급격히 떨어집니다.

이런 장해선이 생기면 내외부에 힘든 일이나 정신적으로 괴로운 일이 생기거나 스트레스가 많아지는데 이럴 때 섣부른 생각과 행동은 화를 일으키니 주의해야 합니다.

별모양이 있는 경우

두뇌선에 있는 별모양은 갑작스러운 질병의 폭발을 의미합니다. 보통 얼굴, 머리, 뇌신경계통에 충격이 있을 수 있습니다. 뇌경색, 뇌출혈 등의 뇌장애가 있거나 머리 등에 사고를 당할 수 있습니다. 간혹 재물, 환경, 직업, 정신에 문제가 생길 수 있으니 별모양이 나타나는 유년시기에 더욱 조심합니다

섬모양이 있는 경우

두뇌선에 섬모양은 무언가 흐름이 좋지 않다는 것을 의미합니다. 섬모양이 나타나는 시기에 두뇌활동이 제대로 되지 않는 것을 의미하여 학업 성과 부진, 업무 능률 저하, 사고력과 판단력 저하 등으로 경제적 손실이나 건강상 장해가 생깁니다.

상향지선과 섬모양이 함께 있다면 어려움은 해소되지만 지적인 능력은 떨어지고, 운도 예전만 못한 것을 나타냅니다.

두뇌선이 잘게 끊어진 경우

두뇌선이 끊어져 연결되어 있다면 집중력이 약하고 끈기가 약해 오래 무언가를 하는 능력이 부족합니다. 특히 두뇌선이 많이 끊어져 있는 만큼 심신의 부족함이 커져 감정 기복이 심해지고 신경도 쇠약해지고 변덕도 심해져 좋아하는 것과 관심 분야도 자주 바뀌게 됩니다.

두뇌선이 덧칠한 것 같은 모양인 경우

두뇌선이 덧칠한 것 같은 모양으로 나타난다면 두뇌선에 기가 없음을 의미하며 뇌에 기혈이 돌지 않고 있는 것과 같습니다. 이런 경우 머리에 병이 있거나 몸이 많이 허약해 혈액 장애, 백혈병, 암 등 심각한 질환에 걸리기 쉽습니다.

3
감정선

감정선이란?

　감정선이란 소지(수성구) 아래에서 시작하여 검지나 중지를 향해 뻗어 올라가는 선을 말합니다. 감정선은 속칭 러브라인이라고도 하는데 내면을 볼 수 있는 거울과 같아 감정, 감수성, 애정 성향, 인간관계에 대한 태도, 사회성 등을 알 수 있습니다. 특히 감정선 위쪽은 하늘의 뜻을 나타내어 감정선을 보면 하늘에서 정한 운명인 천운의 흐름도 예측할 수 있습니다.

　감정선이 강하다면 개성이 분명하고 활달하며 밝고 안정적인 성향을 갖고 있음을 의미합니다. 또 감정선은 성적 관심과 표현 방식을 나타내기도 하는데, 남자보다는 여자들이 민감하여 손금에 더 잘 보입니다.

　감정선을 잘 보려면 직선인지 곡선인지, 선이 어느 구를 향해 뻗어가는지가 중요합니다. 감정선이 직선일수록 냉정하고 이성적이고 직설적이며, 감정선이 곡선으로 많이 휠수록 소심하고 감정적이고 우유부단해집니다. 또한 감정선이 어느 손가락을 향해 뻗어 있는지에 따라 그 구의 성향이 감정선에 반영되어 감정 상태나 사회생활이나 애정관계에도 영향을 줍니다.

강하고 굵은 감정선

감정선이 깊고 뚜렷하며 한 줄로 길게 뻗어 있으면 강한 감정선으로 봅니다. 성격이 대범하고 포용력도 좋으며 열정적인 성향을 가집니다. 한번 사랑에 빠지면 오래 지속됩니다. 심신이 안정되어 인간적이고, 신뢰할 수 있습니다.

하지만 감정선이 너무 강하면 두뇌선의 이성이 감정선의 감정을 통제하지 못해 충동적이고 즉흥적인 감정에 치우친 기분파 행동을 하는 경우가 있습니다.

약하고 흐린 감정선

감정선이 여러 번 덧칠한 모양이거나 사슬모양이 나타나거나 선이 뚜렷하지 못하면 약한 감정선으로 봅니다. 성격이 소심하고 이기적이며, 내성적인 성향으로 주변에서 다소 차갑다고 느낄 수 있습니다. 신경질적이고 예민하여 정서가 불안하거나 감정기복, 변덕이 심합니다.

심신의 스트레스도 심하고 감정적으로 여려서 작은 충격에도 쉽게 혼란 상태에 빠질 수 있습니다.

표준보다 낮게 시작하는 감정선

감정선이 낮게 시작하여 감정선 윗부분이 넓어진 형태입니다. 감정선 윗부분이 넓어져 마음이 넓고 너그러우며 인격적으로 성숙하고 천운도 따릅니다. 태양구의 밝고 명랑하고 낙천적이며 사교적인 성향과 수성구의 금전적인 사고방식과 판단력, 창의력이 강해지고 천운도 따라 주변의 도움과 노력으로 큰 성과를 얻습니다.

단, 감정선과 두뇌선 사이에 화성구가 좁아져 화성구의 장점인 과감하고 공격적이며 빠른 판단과 행동력이 약해서 자칫 계획만 세우다가 기회를 놓치는 경우가 생길 수 있습니다.

표준보다 높게 시작하는 감정선

감정선의 윗부분은 천운을 보는 자리로 얼마나 운이 좋은지와 가지고 태어나는 성품, 인격, 포부, 성장 가능성 등을 보는 자리입니다.

감정선이 높게 시작하면 감정선 윗부분이 줄고 아랫부분인 화성구 지역이 넓어진 형태를 띱니다. 화성구 지역이 커지면 화성구의 성향인 공격 성향과 투쟁적, 방어적 기질이 강해

지는데 일단 시작하고 보자는 밀어붙이기 식의 추진력과 행동력은

좋습니다.

하지만 감정선 윗부분, 특히 소지(수성구)의 단점인 물욕, 금전욕, 이기적인 성향에 영향을 주어 미래에 얻을 이득과 성과보다는 당장 앞에 있는 이득과 성과에 목메어 큰 성공을 하기 어렵고 주변 사람에게 좋은 평가를 받지 못하는 경우가 생깁니다.

2

선의 형태로 본
감정선

감정선은 직선에 가까워질수록 자기중심적이며 업무와 결과를 중시하는 성향이 나타나고, 곡선으로 휠수록 감정표현이 부드럽고 타인을 이해하는 폭이 넓어집니다.

감정선이 직선형이면 말을 직설적으로 하고 사고방식이 다소 냉정하고 합리적입니다. 인간 중심적이기보다는 과업 중심적인 타입입니다. 직선형 감정선이 길수록 목성구 성향이 강해져 권력, 명예, 성공에 대한 욕심과 리더십이 커져 자신의 이상과 신념을 추구하는 이상주의자가 되죠. 하지만 아집, 독선, 질투심, 소유욕으로 남을 배려하지 못합니다. 사랑보다 조건을 중요하게 생각하기 때문에 혼자 사는 경우도 종종 있으며, 인간관계에서 나와 같은 가치관이나 인생철학을 중요하게 생각합니다.

감정선이 곡선형이면 자신의 의견을 상대에게 무리하게 강요하지 않고, 인간관계를 중요하게 생각합니다. 애정관계에 있어서도 로맨스를 중요하게 생각해 주도적이고 적극적인 사랑을 합니다. 한번 사랑에 빠지면 조건과 현실적 문제는 무시하는 경향이 있습니다. 감정선이 너무 가파르게 휜다면 감정이 빨리 달아오르고 빨리 식습니다.

현대사회에서 감정선은 중간보다 약간 긴 것이 좋게 여겨집니다. 이성과 감정이 적절히 조화되어 나설 때와 멈출 때는 아는 사람이 되는 것이죠. 너무 길다면 참을성이 부족해질 수 있습니다.

직선형 감정선

검지와 중지 사이(표준) 직선형 감정선

합리적이고 이성적이며 냉철해 보입니다. 주관이 뚜렷하며 감정이나 온정에 얽매이지 않고 자신의 본분을 다합니다. 이해득실의 계산에 능하고 남앞에 나서는 것을 싫어하며 무모한 일을 하지 않습니다. 간혹 너무 이해타산적인 행동을 하거나 절대 손해를 보지 않으려는 특성이 나타납니다. 이성과의 교제에 소극적이며 애정표현에 서툰 경우가 많습니다.

검지를 향해 뻗은 직선형 감정선

검지(목성구) 성향이 감정선에 강하게 반영됩니다. 성취욕, 성공욕, 야망, 리더십이 강해집니다. 다른 사람아래서 일하기보다는 리더가 되고 싶어 합니다. 끈기와 성실함도 강해 일중독자가 많습니다.

하지만 자칫하면 내 감정을 컨트

롤하지 못해 아집과 독선이 강한 독불장군이 되기 쉽고, 자신과 대립하는 사람을 용서하지 않습니다. 이성관계에서는 이상적이고 신중한 편이라 행동이 늦지만, 소유욕과 질투도 강해 남에게 뺏기지 않으려 합니다.

중지보다 짧은 직선형 감정선

중지(토성구)에 닿지 않을 정도로 감정선이 짧다면 감성이 조금 부족할 수 있습니다. 다소 이기적이고 냉정하며 책임감이 부족한 사람이 많습니다.

오래 생각하는 것을 싫어해 판단은 단순하고 명쾌합니다. 이성적이며 임기응변에 능합니다. 신속한 일처리나 사리분별이 필요한 직업에 잘 맞습니다. 성격이 직선적이며 감정표현이 서툰 면도 있습니다. 사회적인 성공보다 개인의 행복, 만족을 중시하죠.

정신적 사랑보다는 육체적 사랑이 앞서며 상대를 배려하기보다는 자기 본위로 사람을 대합니다. 급하게 타올랐다 급하게 식는 단점이 있습니다.

제1화성구로 향하는 긴 직선형 감정선

감정선이 너무 강해 막쥔손금처럼 감정선에 제1화성구의 성향이 더해집니다. 이 성향은 질투심이 많고 공격적이고 폭력적인 성향이었던 것, 기억하시죠? 이 선을 가진 사람들은 마음을 잘 다스리

면 승부욕과 성공욕이 강해 성공할 수 있습니다.

단, 감정적 요소가 개입되면 현실을 무시하고 자기 고집대로 끌고 가고, 화를 참지 못해 일을 잘 저지릅니다. 이성관계에서는 남을 배려하지 않는 자기중심적 사고를 보이며 소유욕과 질투심도 강해 문제가 생길 수 있습니다.

곡선형 감정선

검지와 중지 사이(표준) 곡선형 감정선

합리적이고 이성적이며 냉철한 타입이지만, 감성과 애정도 어느 정도 함께 갖추고 있습니다. 타인을 배려하는 부드럽고 매력적인 인품을 갖고 있죠. 성실하고 신중하며 합리적, 이성적인 의사결정을 내립니다. 비즈니스와 인간적인 면을 모두 중요시합니다.

속마음이 잘 보이지 않아 상대에게 다소 무겁고 차가운 인상을 줄 수도 있습니다. 연애를 할 때도 매우 신중하고 성의와 정성을 다하는 보수적인 스타일이 많습니다.

검지를 향해 뻗은 곡선형 감정선

감정선이 검지에 목성구 중심부 상단까지 올라오면 목성구의 성향이 강해져 신중하고 이지적이며 책임감이 강하고 마음이 넓습니다. 따뜻한 마음, 좋은 인품, 타인을 배려하는 심성 등 매력적인 지도자가 될 자질을 가집니다.

연애도 잘하는 타입입니다. 사람을 보는 안목이 높아 상대의 인품과 사회적 지위, 능력을 중시합니다. 사람을 천천히 관찰하며 애정을 발전시킵니다.

검지로 향해 길게 뻗은 곡선형 감정선

검지 목성구의 성향인 리더십과 승부욕, 책임감이 강해져 사회생활을 하는 데 열정적이고 스스로 일을 해결하는 능력이 강합니다. 자기주장이 강하고 자존감이 세서 부당한 처우를 받거나 무시를 당하면 끝까지 대항하는 기질도 있습니다(군인 같은 무골 기질). 애정관계에서는 독점욕과 질투심이 강해 잘 챙기고 세심하게 배려하지만, 반대로 상대의 의견은 무시하고 내 방식으로 밀어붙이는 경향이 있습니다.

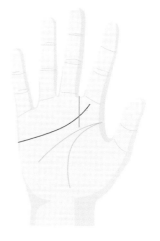

중지로 가는 짧은 곡선형 감정선

짧은 감정선의 특징인 소심하고 냉정하며 이기적인 마음과 급하게 휘어진 곡선형의 특징인 빨리 타고 식는 성격, 토성구의 자기중심적이고 편향적인 사고가 합쳐져 나타납니다.

감정 기복이 심하고 감정 컨트롤이 안 되어 평소에는 착하고 순진한 사람인데 갑자기 성질이 폭발하거나 뭔가에 몰두했다가 갑자기 관심이 식는 유형이 많습니다.

정신적 사랑보다는 육체적 즐거움에 탐닉하는 경향이 있으며 한눈에 반해 몰두하다 금방 냉담해집니다. 이런 특성 때문에 결혼 생활에 문제가 발생할 수 있습니다.

3

감정선의 지선

감정선에서 위로 향해 올라가는 선을 상향지선이라 하는데, 상향지선은 운이 상승하는 것과 같습니다. 아래로 내려가는 선은 하향지선이라 하는데, 하향지선은 불안함, 우울감, 상실감을 나타냅니다. 지선이 어느 구를 향하느냐에 따라 그 구의 성향이 나타납니다.

감정선이 두 개로 나뉘어 있는 경우도 있습니다. 이를 이중 감정선이라 합니다. 이중 감정선은 두 가지 감정선의 성향을 함께 갖고 있다 해석합니다. 보통 두 가지 감정 성향이 모두 나타나는데, 평소에는 긴 감정선의 성향이 우선적으로 나타나다 감정적으로 격해질 때 짧은 감정선의 성향이 나타날 수 있습니다. 그래서 감정 기복이 심한 것처럼 보입니다.

감정선에 생긴 상향지선과 하향지선 그리고 감정선이 여러 개일 경우 각 감정선의 방향을 잘 살펴보면 그 사람에 대해 더 자세히 알 수 있습니다.

감정선의 상향지선과 하향지선

감정선 위로 지선이 상향한 경우
감정선에서 위를 향해 올라가는 상향지선은 후천적으로 개발된

관심 분야, 마음가짐 등을 나타냅니다. 상향지선이 생기면 운이 상승하는 것과 같아 즐거운 일이 많아지고 사교성이 좋아집니다. 지선이 어느 구로 향하는지에 따라 그 구의 좋은 성향이 플러스가 된다고 보면 됩니다.

단, 상향지선이 너무 많아지면 활발하고 사교적이어서 주변에 사람은 많지만, 연애에는 미숙한 타입이라 혼자 좋아했다 혼자 이별하는 경우가 많고, 가망이 없다고 생각하면 집착하지 않고 쉽게 포기합니다.

감정선 아래로 지선이 하향한 경우

감정선에서 아래로 향해 내려가는 선을 하향지선이라 합니다. 하향지선은 감정에 불안함, 우울감, 상실감을 더합니다. 하향지선의 길이가 길어질수록, 잔선이 많아질수록 안 좋은 성향이 더욱 강화됩니다.

건강이 안 좋아지거나 가까운 사람으로부터 배신을 당하거나 실연의 아픔을 겪게 되면 하향으로 내려가는 선이 더 많아집니다.

끝 지선이 두 갈래인 경우

감정선의 끝이 두 갈래이면 직선형 감정선과 곡선형 감정선의 특성을 모두 갖게 되는 경우가 많습니다. 직선형이 주선이라면 냉정하고 과업 중심적인 현실주의자 타입이고, 곡선형이 주선이라면 이해심이 많고 인간 지향적인 이상주의 타입입니다.

이성에게 배려심이 많고 따뜻하며 자상한 스타일로 한번 인연을 맺으면 결혼까지 책임지고 가려는 성향도 강합니다.

끝 지선이 세 갈래로 나뉘는 경우

섬세하고 밝은 성격이지만 다소 우유부단한 면도 있습니다. 동정심이 많고 다른 사람을 잘 이해하며 책임감이 강한 사람이 많죠. 장남, 장녀 또는 맏며느리 타입의 손금이라고도 합니다.

자신의 이익보다는 타인을 먼저 생각하고 배려하며 분쟁을 싫어하고 상대의 말에 귀 기울입니다. 세심하고 치밀한 성격입니다.

곡선형 감정선의 끝이 많이 갈라진 경우

감정선의 끝이 마치 불이 붙은 모양처럼 갈라져 있다면 우유부

단하고 갈라진 가닥의 수만큼 관심사가 많고 세심한 것을 나타냅니다.

주요한 의사결정에 있어 감정적 문제가 개입되면 곧바로 결정하지 못합니다. 한편 성격이 세심하고 꼼꼼하고 치밀한 면이 있어 연구가, 변호사, 회계사 등이 좋습니다.

모든 사람에게 친절하고 배려하는 마음이 강하다 보니 오히려 내 가족 내 사람에게 소홀한 경우가 많습니다.

이중 감정선

감정선이 두 개로 나뉘어 있는 이중 감정선은 두 가지 감정선의 성향을 함께 갖습니다. 이중 감정선을 갖고 있는 사람들은 통계적으로 이별이나 이혼의 위험이 있습니다. 이것은 이중 감정선이 가지는 이중적인 감정의 특성이 원인이 된 것으로 봅니다. 두 선이 연결되어 있으면 그나마 완충작용을 합니다. 이중 감정선이 나타나는 경우 건강 문제도 생길 수 있는데 심장질환에 유의해야 합니다.

이중 감정선은 두 번째 감정선이 어느 구에서 시작해서 어느 구로 끝나느냐가 중요합니다.

1. 소지(수성구)에서 시작: 언변과 사교성이 좋아지고 사업 분야에 관심이 많음.
2. 약지(태양구)에서 시작: 명랑하고 쾌활하며 음악, 문학 등 예

술 분야에 관심이 많음.

3. 중지(토성구)에서 시작: 정신적인 분야인 종교, 심리, 천체 등에 관심이 많음.

4. 검지(목성구)에서 시작: 진취적이고 자신감도 강해 성공과 명예에 대한 관심이 많음.

감정선이 끊어져 이중이 된 경우

수성구에서 끊어진 이중 감정선의 경우를 살펴보겠습니다. 목성구를 향하는 긴 감정선과 짧은 직선형의 감정선을 가지고 있어 이 두 가지 특성이 다 나타납니다. 짧은 감정선의 냉정하고 소심하고 이기적이고 물욕적인 성향에 목성구를 향하는 긴 감정선의 진취적이고 마음이 넓고 타인을 배려하는 성향이 합쳐지게 됩니다.

두 번째 감정선이 소지(수성구)에서 출발하여 언변과 사교성이 좋고 사업에 관심이 많습니다.

왼손에 이중 감정선이 나타났다면 내면에 숨겨져 있어 그 성향을 잘 알 수 없지만, 오른손에 나타나면 외부적으로 표출되어 행동으로 드러나게 됩니다.

감정선이 나란히 두 줄인 경우

두 줄의 감정선은 심장(마음)이 두 개 있는 것과 같습니다. 감성이 강해 어려움을 이겨내는 힘이 강하고, 체력도 좋고 감정도 풍부

하여 누구보다 열정적인 스포츠 선수나 예술가로 크게 성공을 하는 경우가 많습니다.

반면 감성이 이성을 압도하고 있어 이성이 제어가 되지 않고 너무 감정적으로 움직여 술을 먹거나 감정이 격해지면 난폭하고 이상한 행동을 하는 경우도 있습니다.

누구에게나 자상하고 인기가 많습니다. 이성에게도 많은 사랑을 받지만 한 사람에게 정착을 하지 못하는 바람둥이 기질도 강해 결혼생활에는 문제가 많습니다.

감정선이 두 줄 이상인 경우

감정선이 두 줄 이상인 경우를 다중 감정선이라 합니다. 다중 감정선은 마음이 여러 개인 것을 나타냅니다. 다중 감정선이 있는 사람은 상상력과 감정이 풍부하여 문학, 영화, 예술 분야에 많이 종사하고, 특별한 재능으로 큰 성공을 합니다.

감정 기복이 심하고 예민하고 신경질적이어서 혼자 있는 것을 좋아하지만 외로움도 많이 타 쉽게 남을 믿고 의지하려는 성향도 있습니다. 그러다 보니 술이나 약 등에 쉽게 중독되기도 하고, 타인을 너무 믿어 사기를 당하기도 합니다.

감정선에 나타나는 불길한 신호

감정선에 나타나는 불길한 신호는 끊어짐, 사슬모양, 섬모양, 세모모양, 점모양, 별모양 등 있는데 모두 건강 악화, 불안, 우울, 사고, 슬픔, 파산, 관재수 등 불길한 일을 발생시킵니다. 불길한 신호가 보이면 즉시 안 좋은 일이 생기고, 어릴 때 나타나면 건강이 좋지 않습니다. 불길한 신호가 생기는 위치에 따라 문제 발생 양상이 조금씩 달라집니다.

1. 소지(수성구)에서 끊어지면: 이성문제, 물욕으로 인한 경제적인 문제.

2. 약지(태양구)에서 끊어지면: 구설이나 명예 실추, 성격 차이로 인한 문제.

3. 중지(토성구)에서 끊어지면: 정신장애나 의지박약, 건강 악화로 인한 문제.

4. 검지(목성구)에서 끊어지면: 관재수나 노력과 근성 부족으로 인한 문제.

감정선이 굴곡이 심한 경우

굴곡이 생기는 방향마다 감정적 기복이 있습니다. 위로 뻗으면 상향되는 구의 성향이 강해집니다. 아래로 향하면 우울, 슬픔 등의 감정을 겪습니다. 감정의 변화가 심하다 보니 직업도 한군데 진득하게 오래 있지 못합니다. 직업상 변화가 많고 이동이 많은 예술가, 영업직, 여행업 등이 좋습니다.

감정선이 끊어지거나 불안한 경우

감정선이 끊어지면 그 시기나 위치에 따라 안 좋은 영향을 받습니다. 마음이 불안해지고 감정 기복이 심해져 잘못된 판단을 하게 되어 왠지 되는 일이 하나도 없이 불안하고 나쁜 운만 계속 되는 것 같습니다.

연애를 할 때도 좋아하는 감정이 오래 못 가고 금방 식는 기분파이기 때문에 연애를 오래 할 수 없습니다.

섬모양, 별모양, 사슬모양이 있는 경우

감정선에 섬, 별, 점, 사슬 등의 문양이 생길 때 그 위치에 따라 안 좋은 영향을 받습니다. 감정선의 섬모양은 에너지를 감퇴시키는 이상증세에 해당합니다. 섬모양이 생기면 감정적 무기력, 인간관계에 의한 심적 문제가 발생합니다.

섬모양이 사슬처럼 연속해서 나타난다면 감정선의 에너지가 약해져 감정 기복이 심해지고 우울증, 불면증이나 현실 도피 경향이 생길 수 있습니다. 별모양이나 점 등이 나타나면 갑작스러운 사건이나 심적인 충격을 받는 일 등이 생길 수 있다는 불길함을 암시합니다.

5장

세로 삼대선

1
운명선

운명선이란?

　운명선은 손의 아래 부위에서 시작해 중지(토성구) 쪽으로 뻗은 선으로 운명의 강약과 운명의 변화 시점을 알 수 있습니다. 토성구로 향하는 운명선에는 토성구의 책임감, 염세주의적 경향, 연구, 진지함 등의 특성과 토성구 자체의 어둡고 무거운 특성이 반영됩니다.

　운명선이란 말 그대로 나의 운명과 인생을 나타내는 선입니다. 운명선은 길(도로)와 같다고 보면 됩니다. 운명선을 볼 때는 다음 순서로 봐주세요.

　1. 운명선이 어디에서 시작하는지(손목선 중심, 금성구, 월구, 생명선, 손바닥 중앙)
　2. 운명선이 힘 있게 곧게 뻗는지, 얇고 굴곡이 많은지
　3. 운명선이 어디서 합쳐지고, 어디서 갈라지는지
　4. 운명선이 어디서 막히고, 어디서 끊어지는지(장해선)

　이 순서대로 운명선의 성향을 살펴봅니다.

　운명선은 나의 인생에 나침판과 같다고 보면 됩니다. 배에 나침판이 없거나 고장 나면 항해를 하지 못하는 것과 같이 운명선은 나의 인생에 나아갈 길을 알려주는 중요한 선입니다. 그래서 운명선

은 '직업선, 노력선'이라고 부릅니다.

한편 운명선을 '일복선, 업보선, 고생선'이라고 부르기도 합니다. 운명선이 지나치게 강하면 오히려 인생이 고행스럽기 때문입니다. 하지만 적당히 강한 운명선은 웬만한 일에 큰 충격을 받지 않는 성향을 의미합니다. 일을 하고 있으면 사망의 위험이 현저히 줄어듭니다. 하지만 일을 하지 않으면 병이 생기죠. 굵고 강한 운명선은 비애선이나 장해선이 와도 큰 영향을 받지 않습니다.

오른손의 운명선은 전반적인 사회환경에 대한 변화가 나타나서 직업 변동을 볼 수 있고, 왼손의 운명선은 잠재의식, 내면이 나타내는 것, 직업, 인생에 대한 갈등을 볼 수 있습니다.

강한 운명선

손바닥 아래 손목 부위에서 굵게 직선형으로 토성구까지 올라간 경우 운명선이 강하다고 합니다. 노력파며 성격적으로는 강인하고 굳건한 의지를 가졌습니다. 실력도 있고 낙천적이며 활발한 사람들이 많습니다. 직업적 활력이 남들보다 강하고 신뢰성, 리더십, 진지한 특성이 있습니다. 하지만 너무 지나친 불도저 성격과 야심으로 역효과가 생겨 인생에 길이 고단해지는 경우도 있습니다. 남들에게 베풀면서 여유를 가져야 합니다.

약한 운명선

선이 얇고 희미하며, 중간에 끊어
진 모양의 선이 있는 경우 운명선이
약하다고 합니다. 성격적으로 유약하
고 의지가 약하여 쉽게 포기를 하고
잔근심이 많고 내성적일 수 있습니다.
체력이나 건강도 약한 경우가 많습니
다. 직업적으로는 의지와 노력이 부족
하고 싫증을 잘 느끼며 추진력도 다
소 부족합니다. 이런 경우 적극적으로

인생을 개척해 나가겠다는 강한 의지와 긍정적인 마인드가 필요합
니다.

운명선이 없는 경우

운명선이 없다는 것은 인생에 나
침판이 없는 것과 같아 하고자 하는
의지도 없고, 무엇을 해야 할지도 잘
모릅니다. 성격적으로는 자유로운 삶
을 원하여 구속이나 속박을 싫어합니
다. 어떤 일에도 흥미를 잘 느끼지 못
하고, 뚜렷한 인생 목표나 직업을 갖
기 어렵습니다. 이런 경우 마음을 강
하게 먹고 책임지려는 생각을 가지면
선이 바뀝니다.

시작점과 끝점으로 본
운명선

운명선은 중지(토성구)를 향해 올라가는 선을 말합니다. 운명선이 시작하는 위치나 끝나는 위치는 각기 달라도 중지를 향해 뻗어 올라가는 방향은 같습니다. 다만 운명선이 시작하는 위치가 어디인지, 끝나는 위치는 어디인지, 장해선에 의해 끊어지는지 등에 따라 직업이나 인생행로가 달라집니다.

운명선을 볼 때는 시작점과 끝점을 잘 봐야 합니다. 어디서 시작하느냐에 따라 해당하는 부위의 영향을 많이 받기 때문입니다. 생명선(금성구) 쪽에 가까이 시작할수록 보수적이고 안정적이며 내부 사람(가족, 친인척 등)에게 영향을 많이 받고, 월구에 가까이 출발할수록 진취적이고 활동적이며 외부 사람(친구, 동료, 주변인)에게 영향을 많이 받습니다. 또한 운명선이 어디에서 끝나는지에 따라 인생의 변화를 알 수 있습니다.

시작점으로 본 운명선

손목선 중심에서 시작하는 경우
가장 기본적인 운명선입니다. 바람직한 운명선으로 예의 바르고 성실하게 바른 생활을 하는, 소위 '엄친아'가 많습니다. 인생도 큰 굴곡이 없는 안정된 삶을 삽니다. 직업적으로도 작은 곳보다는 대기업이나 관공서처럼 안정되며 규모가 큰 조직을 선호합니다. 건강에도 큰 문제가 없습니다.

금성구에서 시작하는 경우

금성구 안쪽은 가족이나 친인척, 배우자를 의미하는 자리로 운명선이 이곳에서 시작한다는 의미는 친인척에게 영향을 크게 받거나 집안의 가업이나 유산을 물려받거나 결혼 후 배우자의 도움을 크게 받는 것을 의미합니다. 이런 손금은 가족에 대한 유대 및 책임감이 강하여 타인보다 자기 식구를 더 챙깁니다.

운명선이 생명선 유년시기에 일찍부터 출발할수록 가족이나 친인척의 영향을 일찍 받고, 결혼을 하면 배우자의 영향을 받아 운명이 크게 변합니다. 운명선이 생명선 유년시기에 늦게 시작할수록 영향을 늦게 받는데 이는 유산 상속의 개념이 강합니다.

월구에서 시작하는 경우

운명선이 월구의 특징인 상상력, 창의력, 예능적 기질을 갖습니다. 생명선과 멀어질수록 독립적이고 자유분방합니다.

가족이나 친인척보다 친구나 주변 타인에게 영향을 많이 받아 직업이나 인생의 방향이 결정되는 경우가 많습니다. 자유분방한 성격으로 구속과 속박을 싫어하는 특성이 강해 해외로 움직이는 무역업, 외교관이 많고, 명랑하고 감성이 풍부하여 방송연예, 예술 계통 등에서 개인사업이나 프리랜서를 선택하는 사람도 많습니다.

월구의 위쪽에서 출발할수록 외국과 인연이 깊고, 귀인의 도움으로 성공합니다. 월구 아래쪽에서 출발할수록 사람을 끄는 묘한 매력으로 많은 사람에게 사랑을 받습니다.

생명선에서 시작하는 경우

운명선이 생명선에서 시작하여 두뇌선을 통과하고 중지(토성구)로 올라가는 경우입니다. 이런 운명선을 자수성가선이라고 합니다(운명선이 반드시 두뇌선을 통과해야 합니다).

부모나 친인척의 도움 없이 혼자 힘으로 근면하고 성실하게 역경을 극복하고 스스로 운을 개척하는 선입니다. 이 선이 나타나면 상대적으로 부모덕은 약하다고 볼 수 있습니다. 인내와 노력을 통하여 후천적으로 전문직을 갖거나 사업을 하는 경우도 많습니다.

자수성가선은 생명선의 유년시기로 40대 이전 상단부에 발생하며, 그 이후에 나타나는 선은 그냥 개운선으로 봅니다.

운명선이 늦게 시작하는 경우

손바닥 중앙 두뇌선 근처에서 출발하는 운명선으로 구속과 속박을 싫어해 정착하지 못하고 떠돌게 됩니다. 운명선이 시작하기 전에 취업하더라도 제대로 된 직장에 들어가지 못하거나 직업적 만족감을 느끼기 어렵습니다. 운명선이 나올 때 직업을 찾으면 상대적으로 늦습니다. 경쟁에 뒤지거나 직업을 금방 잃을 수도 있습니다. 또 결혼도 늦게 하거나 아예 하지 못하기도 합니다. 이런 경우 보통 가정이나 환경에 장해가 있는 경우가 많습니다.

끝점으로 본 운명선

감정선에서 끝난 경우

감정선이 지나는 나이는 약 55세 전후에 해당되는데 운명선이 감정선에서 끝나면 55세 이후에는 일을 하지 않거나 쉬는 것을 의미합니다. 정년퇴직이 있는 직장인들에게 많이 나타납니다. 정년 이후에도 일하는 전문직, 사업가, 자영업자 등은 거의 대부분 운명선이 감정선을 넘어 올라갑니다.

운명선이 감정선에 의해 끊어진 장해선으로 보아 이성의 판단 보다는 감정적인 판단으로 직업을 그만두거나, 감정에 치우쳐 잘못된 판단으로 사업이나 투자에 실패할 수 있습니다. 이성적으로 자제하며 기회를 기다리면 감정선 위로 운명선이 생기기도 합니다.

두뇌선에서 끝난 경우

운명선이 두뇌선에서 끝나면 두뇌선이 장해선이 된 것과 같습니다. 두뇌선이 운명선을 지나는 나이를 30대 후반에서 40대로 보는데, 이 시기에 운명선이 끝나면 내가 잘났다는 잘못된 판단과 행동으로 큰 좌절과 파산, 직업 단절 등 안 좋은 일이 발생해 인생행로가 멈출 수 있습니다. 특히 가족, 지인 등 관계에서도 오해와 배신으로 인해 인연을 끊고 사는 경우가 많습니다. 이런 경우 혼자 해결하려 하지 말고 주변 사람의 말을 경청하고 노력과 인내로 잘 극복한다면 새로운 운명선이 두뇌선 위로 나타나 문제를 해결해 나갈 수 있습니다.

두뇌선에 의해 끊어졌다 다시 연결된 경우

두뇌선이 장해선으로 작용해 30대 후반에서 40대에 스스로의 판단에 의한 직업이나 인생에 중요한 변화가 있음을 예고합니다.

사업가는 잘못된 판단으로 인한 위기가 발생할 수 있고, 직장인은 이직하거나 직업이 달라지거나 새로운 일이나 사업을 시작하기도 합니다. 가정에도 큰 변화가 생겨 다툼, 별거, 이혼 등의 문제가 발생합니다. 단, 두뇌선에 의해 끊어진 운명선이 바로 연결이 된다면 충격과 변화가 금방 회복됩니다. 끊어진 공백이 클수록 충격과 변화가 오래갑니다.

끊어졌다 다시 연결된 경우

운명선은 나의 직업, 노력, 인생행로와 같은데, 운명선이 끊어졌다는 것은 인생에 큰 변화가 있다는 것입니다. 운명선이 두뇌선 아래 부위에서 끊어지면 초년시기(10대-30대)에 직업이나 목표를 잡지 못해 인생에 변화가 많음을 의미하고, 두뇌선 위에서 끊어지면 중년(40대-50대)에 인생에 변화가 많아져 직업, 사업, 결혼 등에 문제가 발생함을 의미합니다.

운명선이 끊어지고 바로 연결되거나 가까이 운명선이 생기면 충격과 변화가 적지만, 운명선이 끊어지고 공백이 크거나 멀리 떨어져 연결되면 직업이나 사람 관계, 주변 환경에 큰 변화가 생깁니다.

운명선이 휘어진 경우

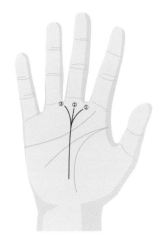

운명선은 기본적으로 중지 쪽 토성구 방향으로 올라갑니다. 그런데 끝선을 자세히 보면 직선도 있지만 휘어져 있는 경우도 있습니다. 휘어진 방향에 따라 인생의 목표, 직업 성향, 관심 분야 등에 많은 영향을 받습니다.

① 목성구로 향하면 목성구의 성향인 리더십과 명예욕, 사회적 성취욕구가 강해져 교육, 봉사, 헌신, 사회사업 분야의 직업이 좋습니다. ② 토성구로 향하면 토성구 성향인 책임감, 고독감, 염세주의적 성향이 강해져 한 분야를 깊게 탐구하여 연구하거나 사회에 헌신하는 종교인, 교육자, 봉사 분야가 좋습니다. ③ 태양구로 향하면 태양구의 밝고 사교적인 성격과 창의적 예술적 기질이 강해져 즐겁게 일하고 아름다움, 건강, 예술을 추구하는 일이 좋습니다. 건강 사업, 방송 계열, 엔터테인먼트, 디자이너, 예술가 등이 잘 맞습니다.

상향지선이 뻗은 경우

운명선에서 갈라져 올라가는 향상선인 상향지선은 길고 굵을수록 영향력이 큽니다. 지선이 생기는 해당 유년시기에 인생이나 직업운에 크고 작은 행운이 따릅니다.

두뇌선의 상향지선은 갈라져서 올라간 선이 향하는 방향의 성향을 모두 갖는 것을 의미합니다. 목성구로 향하면 직업적 활동으로 사회적 인정을 받고 위상이 높아지고 명성과 권위가 따릅니다. 태양구로 향하면 직업적 활동으로 명성, 재물을 얻습니다. 두뇌선 위쪽에서 태양구로 뻗는 지선이 나오면 창작, 예술, 출판 등의 분야에서 명성과 재물을 얻습니다.

운명선에 합류지선이 붙는 경우

운명선에 상승하는 지선이 합류되는 것을 합류지선이라 합니다. 합류되는 시기에 행운이 따르는데, 어느 방향에서 합류하는지에 따라 특성이 달라집니다. 월구에서 올라오면 집밖, 외부인의 도움을, 금성구에서 올라오면 집안, 친척의 도움을 의미합니다.

운명선의 합류지선은 초년시기(10대-30대)에 많이 나타나는데, 나에게 좋

은 기회나 귀인을 만나는 것을 의미합니다. 취업 등에 도움이 되는 사람을 만나거나 결혼하는 경우가 많습니다. 합류되는 지선이 강할수록 더 좋은 일이 생깁니다.

하지만 합류지선이 운명선을 지나쳐서 운명선이 끊어지는 모양이라면 귀인이나 행운이 도리어 직업, 인생에 장해와 근심을 줍니다. 동업을 했다가 배신을 당하거나, 귀인의 도움이 오히려 화로 변하는 경우입니다.

이중(다중) 운명선

이중 운명선은 두 가지의 직업적 활동을 하게 되거나 일에서 동반자, 협조자가 있는 것을 의미합니다. 길이 하나에서 두 개가 되었다고도 봅니다. 일이 두 배로 많아지거나 돈이 두 배 많이 들어옵니다. 동업자가 생기거나 결혼운이 있기도 합니다. 주 운명선과 보조 운명선이 조금 떨어진 형태일 경우에는 전혀 다른 두 가지 일에 종사하거나 취미를 직업같이 하는 경우가 많습니다. 한 선이 굵고, 다른 한 선이 약하다면 선이 굵은 쪽을 주 업무, 직업으로 보고 선이 얇은 쪽을 보조 업무, 부업으로 봅니다.

운명선에 나타나는 불길한 신호

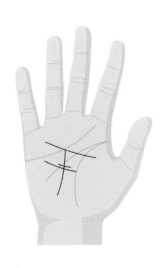

장해선이 운명선을 끊고 지나가는 경우

운명선을 끊고 지나가는 대각선 모양의 선을 장해선으로 보는데 장해선이 길고 굵을수록 그 장해의 정도가 빠르고 크게 다가옵니다. 운명선을 끊고 지나가는 대각선은 내부보다 외부에서 발생하는 갑작스러운 변화를 의미합니다. 질병, 교통사고, 예측하지 못한 사건 등 미처 준비하고 대처하지 못한 상태에서 발생하는 변화가 인생행로에 큰 영향을 줍니다. 이런 장해선은 단기적이고 갑작스러운 경우가 많아 너무 성급히 결정을 하거나 행동하지 말고, 마음에 여유를 가지고 천천히 대처하는 것이 좋습니다.

불길한 문양이 나타난 경우

운명선에 점, 별모양, 섬모양, 사슬모양 등 불길한 문양이 나타나면 막힘, 실패, 파산을 의미합니다. 운명선 유년에 따라 해당 시기에 불행이 커집니다. 점이나 별모양은 갑작스러운 불의의 사고나 재난, 실패 등을 암시합니다. 섬모양은 잘못된 판단, 보증, 투자 실패 등 금전적 어려움을 암시하고, 사슬모양이 생기면 가정이나 직장, 일적인 문제로 고민이 생기는 것을 나타냅니다.

이런 불길한 문양이 생기면 정신적으로도 건강상으로도 안 좋은 시기와 상태임을 인지하고, 몸과 마음을 건강히 하려고 노력하며 주변 사람의 조언과 도움을 긍정적으로 받아들이고 확실한 목표를 세우세요. 그러면 불길한 문양은 금방 사라지고 깨끗한 운명선이 자리 잡을 것입니다.

2
태양선

태양선이란?

태양선은 행운선, 재물선이라고도 합니다. 감정선 위로 약지 태양구를 향해 올라가는 선이라고 기억해주세요. 태양선은 인기, 신용, 부, 명예, 성공, 행복감, 만족감, 창의성을 의미하고, 밝고 명랑한 성격과 사교적인 기질을 보여줍니다.

태양선은 태양구와 같이 해석하면 됩니다. 태양구는 하늘에 태양이 반짝이듯 인생의 행복과 즐거움을 나타내는 곳입니다. 마음속에 밝은 태양이 있는지, 어둡고 침침한 기운이 있는 볼 수 있는 곳이죠. 태양구나 태양선에 별문양이 생기면 태양에 빛이나 커다란 행운이 있을 징조로 봅니다.

태양선은 물질적, 정신적 성공을 함축적으로 표현한 선으로, 자신이 인생을 잘 살고 있다는 만족감을 나타냅니다. 요즘은 물질적인 측면을 더 많이 봐서 태양선을 재물선이라고도 부릅니다. 부의 만족감이라고 할 수 있겠네요.

왼손의 태양선은 내면적 만족감, 타고난 부와 명예, 먼 미래의 부와 명예, 운을 볼 수 있습니다. 현재와 가까운 미래 시점을 나타내는 손은 오른손입니다. 양손이 비슷한 것이 좋으며, 양손의 태양선이 많이 다른 형태라면 운세 변동이 심합니다.

영국의 수상학자 케이로는 《알기 쉬운 손금해설(Palmistry for

all)》에서 '아무리 좋은 손금을 가지고 있는 손이라고 해도 태양선이 없다면 뛰어난 재능과 총명한 머리를 가지고 있어도 사회적으로 인정받고 성공하기 힘들다.'라고 하였습니다.

태양선이 좋으면 행운이 많이 따릅니다. 남들보다 더 성공하기 쉽겠죠. 승진을 빨리 하거나 재산이 늘거나 인생이 술술 풀리는 느낌을 줍니다.

강한 태양선

태양선이 손바닥 아래에서 출발하여 감정선을 넘어 약지 태양구에 굵고 선명하게 두 가닥 이상 나타나면 강한 태양선이라 합니다.

태양선이 하단부에서 감정선 위 약지(태양구) 부위까지 올라가는 태양선은 일찍부터 부와 명예를 얻어 크게 성공을 하거나 인정이 많고 밝고 명랑하여 주위 사람들로부터 인기와 신뢰를 받아 행복한 인생을 사는 경우가 많습니다. 태양선이 굵을수록, 올라가는 선이 많을수록 운은 더 상승합니다.

약한 태양선

감정선 위로 태양선이 없거나 가늘고 중간에 끊어지거나 장해선이 있는 경우를 약한 태양선이라 합니다. 태양선이 약하면 인생 전반에 만족감과 행복감도 적으며, 노력과 의지도 약해 매사 비관적 성향이 되기 쉽습니다. 직장에서도 인정받지 못하고 승진도 늦

어집니다. 재물 축적이나 직업적 성
공, 명예를 얻기 무척 힘든 편이죠. 하
지만 태양선은 변화가 많은 선입니
다. 밝고 성실한 마음으로 '하면 된다'
는 강한 의지로 노력하면 태양선이
강해집니다.

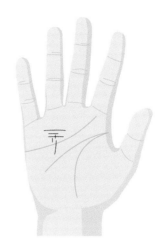

태양선이 없는 경우

감정선 위 태양구에 태양선이 보
이지 않으면 손재수, 구설수, 사고수,
급병수, 우환 등 암흑 같은 시기가 찾
아오기 때문에 조심해야 합니다. 태
양구가 어두운 사람은 인생의 행복이
나 만족감을 잘 느끼지 못합니다. 마
음속에 어두운 기운이 많아 삶이 힘
들어집니다.

태양선은 사회적으로 인정을 받
거나 스스로 만족하고 행복하면 나타
나는 선이라 나이가 어리거나 사회적으로 인정받는 데 크게 관심이
없으면 태양선이 없는 경우도 많습니다.

유형별
태양선

태양선은 약지(태양구)를 향해 올라가는 선으로 재물, 명예, 성공, 행복 등을 나타냅니다. 오른손은 현재와 가까운 미래, 왼손은 먼 미래를 보여줍니다. 태양선을 볼 때는 어느 부위에서 시작하는지 보고, 오른손과 왼손의 손금 모양을 비교합니다.

시작점으로 보는 태양선

금성구에서 시작하는 경우

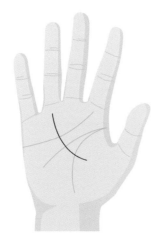

생명선 안쪽 금성구에서 출발한 태양선은 가족, 친인척의 도움을 받아 부와 명예, 인기를 얻는다는 의미가 강합니다. 가업을 잇는다는 의미도 있고, 타고난 예술적 재능을 집안의 전폭적 지원으로 더욱 발전시켜 크게 성취한다는 의미도 있습니다.

단, 태양선이 금성구에서 생명선을 끊고 나오는 경우 일시적으로 장해선으로 작용하여 시련 후에 행복이 오는 것과 같은 전화위복을 맞기도 합니다(사고 후 보험금을 받거나 유산 상속을 받는 등의 예).

생명선에서 시작하는 경우

태양선이 생명선에서 올라가면 태양선이 올라가는 생명선의 유년시기에 세상으로 나가 사회적으로 사람들의 주목과 인정을 받아 성공과 재물을 얻습니다. 자수성가선과 비슷하게 스스로의 노력으로 성공과 재물을 이룬다는 의미로도 해석합니다. 태양선은 곧게 뻗어 올라가야 명예, 재물, 성공이 쉽습니다. 선이 중간에 끊어지거나 장해선이 있으면 그만큼 시련과 고통이 따릅니다.

손바닥 아래에서 시작하는 경우

태양선이 손 아래에서 일찍 시작될수록 젊어서부터 사회적으로 인정을 받고 많은 사람에게 사랑을 받으며 명예와 재물도 따릅니다. 타고난 부자이거나 젊어서 자수성가한 사람입니다. 태양선이 늦게 시작될수록 직장 내 출세가 늦어지고 인생이나 직업에 대한 전반적인 만족감이 떨어집니다.

월구에서 시작하는 경우

월구의 상상력, 창의력, 예술성을 바탕으로 명예, 재물, 성공을 이룹니다. 작가, 음악, 그림, 방송 등 분야에서 성과를 내는 경우가 많습니다. 태양선이 태양구 중심부로 향하면 문학, 음악, 창의적, 예능적 재능이 왕성한 것을 나타내며 스스로의 활동을 통해 명예, 인기를 얻을 수 있습니다. 유년법으로 보면 일찍부터 사회적으로 인정받고 성공합니다. 다만, 태양선이 많이 휘어지는 만큼 초년에 고난과 고통을 겪은 후 꿈을 이룬다고 생각하면 됩니다.

제2화성구에서 시작하는 경우

제2화성구에서 출발한 태양선은 좌절하지 않는 끈기, 정신력, 생활력, 노력으로 명예와 성공, 부를 거머쥐는 것을 의미합니다. 사회생활을 하다 만난 귀인의 도움으로 어려움을 극복하고 중년(30대~50대) 이후에 부와 명예를 얻습니다. 제2화성구 귀인선이 있으면 신용을 지키며 성실하게 노력하여 역경을 이겨내고 반드시 성공한다는 행운의 징표와 같다 보면 됩니다.

운명선에서 뻗어 나오는 경우

운명선에서 지선의 형태로 태양구를 향해 올라간 태양선을 말합니다. 태양선이 나오는 시점부터 재능을 인정받게 되어 명예가 올라가고 인생이 꽃 피는 시기가 됩니다. 운명선에서 태양선이 나왔기 때문에 직업운을 바탕으로 인생이 밝아지며, 그 유년에 직장 승진이나 연봉 인상 등의 행운이 따르거나 결혼을 하게 되는 경우도 많습니다. 사업가는 그 유년시기부터 큰돈을 벌게 되고, 전업주부도 정신적, 물질적으로 행복한 시간이 됩니다.

두뇌선에서 시작하는 경우

두뇌선에서 출발한 태양선은 자신의 머리나 아이디어로 부와 명예를 얻는 것을 의미입니다. 이런 사람은 기본적으로 감이 좋고 명석하여 기회를 찾는 능력이 남들보다 뛰어납니다. 직업적으로는 금융 투자가, 연구가, IT 개발자 등이 잘 맞으며, 기발한 아이디어나 좋은 감으로 갑자기 큰 부와 명예를 얻는 경우가 많습니다.

감정선에서 시작하는 경우

감정선 위에서 시작하는 태양선은 늦은 나이에 부와 명예를 얻는 대기만성형의 운을 의미합니다. 감정선 위치가 운명선 유년시기로 말년(55세 이후)을 나타내어 그동안의 고생과 노력에 대한 대가로 말년에는 안정되고 풍족한 노년기를 보냅니다. 이런 분들은 책임감이 강하고 성실하여 직장인이나 공무원 등 꾸준하고 오랫동안 하는 직업을 갖는 분들이 많습니다.

감정선에 보이는 태양선의 의미

감정선에 나타난 태양선의 모양을 보고 태양구의 성향인 부와 권력, 행운이 현재 좋은지, 가까운 미래에 좋은지 아니면 먼 미래에 좋은지를 예측할 수 있습니다.

감정선을 통과해서 올라간 태양선(과거-현재-미래)

태양선이 감정선을 통과하고 있다면 예전부터 현재, 미래까지 운이 좋음을 의미합니다. 과거부터 현재까지 잘하고 있고 앞으로도 지금의 방향으로 계속 노력한다면 미래는 더 큰 부와 명예가 기다립니다.

감정선에서 시작한 태양선(현재-미래)

태양선이 감정선 위에 붙어 있다면 지금부터 운이 좋아지는 것을 의미합니다. 그동안 노력했던 보답을 받는 것과 같습니다. 지금부터 미래까지 운이 상승합니다. 감정선 위로 태양선이 강하게 올라갈수록 미래에 운이 더 좋아집니다.

감정선 위에 떨어진 태양선(미래)

태양선이 감정선 위에 떨어져 있으면 방향은 잘 잡았으나 현재는 때가 아니라 더 노력을 해야 함을 의미합니다. 감정선에서 태양선이 위로 많이 떨어질수록 더 먼 미래에 운이 좋아집니다.

감정선 밑에 있는 태양선(과거)

태양선이 감정선 밑에서 끊어지면 과거에 운이 좋았음을 나타냅니다. 과거의 영광이 사라지고 현재는 지위나 명성, 재물을 잃는 것을 의미합니다.

태양선의 가닥 형태

태양선이 한 가닥인 경우

태양선이 한 가닥이면 명예와 재물을 얻는 원천이 하나라는 뜻입니다. 운명선, 재운선이 두세 가닥이라도 재물이 들어오는 곳은

한 곳입니다. 한 가닥의 태양선이라도 굵고 진하면 일정한 수입으로 안정된 생활이 가능하고 노년기에도 안정된 생활자금이 있다는 뜻입니다. 태양선의 상태가 좋지 않으면 직업적 성공을 위한 노력이나 재능이 부족하고 모아둔 재산이 적으며, 수입도 불충분하거나 일정치 않아 늘 재물 근심이 많습니다.

태양선이 여러 가닥으로 올라온 경우

태양선이 여러 가닥이고 선도 굵고 상태가 좋으면 집안뿐만 아니라 주변에 모든 사람들이 나를 후원하고 지원해주는 것과 같습니다. 한마디로 돈 버는 원천이 여러 곳임을 나타내므로 직업적으로나 사회적으로나 큰 명성과 부를 얻는 경우가 많습니다(예를 들어 대기업 오너). 하지만 태양선이 여러 가닥이어도 선이 가늘고 약하다면 일들을 다양하게 계속 벌리고 진행은 하지만 실속이 없어 늘 불안합니다.

태양선 끝이 세 가닥으로 갈라진 경우

태양선이 태양구에서 굵고 강하게 세 개로 나뉘어 올라가면 태양선이 소지에 수성구나 중지에 토성구로도 향하는 것이라 강한 의지와 노력으로 큰 재물과 명성을 모두 갖는 것과 같으니 행운의 상징으로 봅니다.

단, 태양선 끝이 여러 가닥으로 갈라지면서 선이 흐려진다면 용두사미와 같아 처음에는 큰 성공을 하는 듯하지만 중도에 포기하거나 부와 명예가 모두 흩어질 수 있습니다. 이럴 때는 한 가지에 집중하는 것이 필요합니다.

태양선 옆에 보조선이 나타나는 경우

태양선 양옆으로 보조선이 나타나면 태양구의 성향이 더욱 강해집니다. 본인 스스로의 재능과 능력이 좋아 주변에 좋은 사람과 기회가 생기는 것을 의미합니다. 이런 사람은 명예, 끼, 인기, 매력이 강해지고 재물취득이 늘어나죠. 특히 부동산 자산이 늘어납니다. 돈이 들어오는 곳이 더 많아지고, 안정적으로 자리 잡습

니다. 강한 태양선이 올라가고 주변에 짧은 태양선이 나타나면 주업 외에 보조로 하는 업이나 취미, 투자로 이득을 보는 것을 의미합니다.

보조선만 나타나는 경우

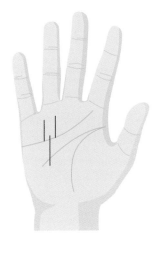

태양선은 약하지만 감정선 위 태양구에 보조선이 강하게 생기면, 특별히 잘하는 일이나 사회적으로 명성은 없지만, 명랑한 성격과 화술, 교제 능력으로 주변에 사람이 많아 그들의 도움으로 명성과 재물을 유지하는 경우가 많습니다. 하지만 본인 스스로의 노력보다는 주변의 도움으로 명예와 인기를 얻는 것과 같기 때문에 어느 한순간에 물거품처럼 사라질 수 있습니다. 허세가 강해지는 것을 주의하며 늘 노력해야 합니다.

흐리고 짧은 선이 여러 개 나타나는 경우

태양구 자리에 태양선이 짧게 여러 줄이 나타난다면 여러 가지의 재능과 능력을 가지고 있지만, 그중 무엇 하나도 제대로 확실히 하지 못하여 꿈만 크고 행운만 기다리는 것을 의미합니다. 태양구에 나타난 태양선이 흐리고 짧을수록 싫증을 더 잘 내고 무엇을 해도 끈기 있게 못 하는 경우가 많습니다. 어떤 일이든 시작을 하면 끝까지 하는 버릇을 가지면 좋은 손금으로 변합니다.

별문양이 나타나는 경우

행운의 별로 행운의 상징으로 봅니다. 별문양은 갑작스러운 행운, 뜻밖의 횡재 혹은 큰 명예를 얻는 것을 의미합니다. 귀한 상을 받거나 하루아침에 스타가 될 수도 있습니다. 반드시 감정선 위 태양구 자리까지 올라간 태양선에 나타나야 행운으로 보고, 감정선 밑에 나타나면 불행으로 봅니다. 특히 제2화성구에서 올라온

귀인선이 태양구에서 별문양을 이루면 사회생활을 하다 만난 귀인이나 배우자에 의해 큰 행운을 얻거나, 해외까지도 크게 이름이 알려집니다.

태양선에 나타나는 불길한 신호

태양구가 지저분한 경우

태양선은 있지만 장해선이나 금성대에 의해 끊어진 모양입니다. 다재다능하여 다양한 분야에 관심을 두지만 실속을 챙기지 못해 재물이 잘 모이지 않습니다. 허영심이나 낭비벽이 많아 재물이 새는 곳도 많죠. 이런 경우 재능을 한두 가지에만 집중하는 것이 좋습니다.

감정선 위 장해선에 의해 끊긴 경우

감정선 위에 나타난 장해선에 의해 태양선이 끊어진 경우 말년이나 성공을 앞에 두고서 갑자기 명예, 재물, 인기, 행운 등이 문제가 발생하는 것을 의미합니다. 이런 장해선은 갑자기 발생하는 재앙으로 자연재해, 건강, 전쟁, 국가적 위험 사태 등 본인 스스로 위험이나 불행을 벗어나기 쉽지 않은 천운을 나타냅니다. 하지만 감정선 아래 태양선이 강하면 젊은 나이에 재물, 명예, 인기 등을 얻어 재물을 축적해 여유 있는 삶을 살 가능성이 있습니다.

감정선 아래 장해선에 의해 끊긴 경우

감정선 밑에 나타나는 장해선은 장해선이 지나는 시기에 고난과 시련으로 인생에 어려움을 겪는 것을 의미합니다. 대각선으로 태양선을 끊고 지나가는 장해선이 굵고 길수록 그 시련과 불행의 시기와 강도는 강하게 옵니다. 하지만 태양구로 올라가는 태양선이 강하면 장해선이 생겨도 결국에는 모두 이겨내고 명예와 신용으로 큰 성공을 거둡니다.

섬모양이 나타나는 경우

섬모양은 타인이나 경쟁상대에 의한 불행을 상징합니다. 섬모양이 나타나면 사기를 당하거나 상대의 악의적인 흠집으로 인한 물질적 정신적 피해를 입어 내 행운과 명성, 재물에 손실을 입는 것을 의미합니다. 섬모양이 감정선 위 태양구에 나타나면 도산, 파산 등 엄청 큰 피해를 입습니다. 감정선 밑에 나타나면  손실과 피해는 입지만 시간이 지나면 회복이 됩니다.

점모양이 나타나는 경우

점모양은 내 자신의 실수로 인한 불행을 상징합니다. 생각지도 못한 실수로 인해 명예와 신용, 재물을 잃는 것을 의미합니다. 감정선 위 태양구 자리에 발생을 하면 잘못된 투자나 실수로 모든 것을 잃는 것을 의미합니다. 감정선 밑에 생기면 직장이나 사업 등에 불행과 손실은 발생하지만 다시 노력하여 회복할 수 있습니다.

3
재운선

재운선이란?

재운선은 수성구의 사업적 재능, 외교력, 사교성, 언변, 수리력, 통찰력, 직감력 등의 영향을 받는 선으로 사업, 투자, 투기, 횡재 등 금전과 관련된 운을 봅니다.

소지(수성구)로 올라가는 선들은 여러 종류가 있는데 올라오는 위치 모양에 따라 재운선, 건강선, 직감선, 수성선, 횡재선으로 불립니다. 각 선들마다 의미하는 바는 조금씩 다르지만, 함께 묶어 재운선이라 하기도 합니다.

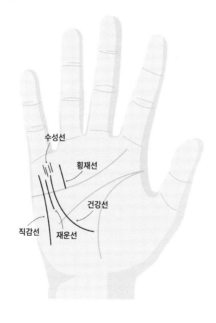

• 재운선 - 소지(수성구) 중앙으로 강하게 올라가는 선

투자 능력과 사업적 능력이 좋아 주식, 부동산 등 경영과 재테크 능력이 좋습니다. 또한 끈기, 인내력, 통찰력, 책임감, 언변이 좋아 큰 조직과 자금을 운용하는 능력이 있습니다.

• 건강선 - 손바닥 중앙에서 소지로 올라가는 선

건강선은 수성구를 향해 끊어지듯이 사선으로 올라가는 선으로 간과 관련이 깊어 간질환, 갑상선 등 내분비질환을 알 수 있습니다. 수성구로 올라가는 선이 끊어지거나 불안하면 체력이 저하되거나 건강에 문제가 있는 것으로 봅니다.

• 직감선 - 월구에서 소지를 향해 올라가는 선

제6감각이나 영감을 뜻하기도 하는데 예감이나 꿈이 잘 맞고, 직감적인 판단 능력이 좋습니다. 투자 감각이 좋습니다.

• 수성선 - 수성구 자리에 얇은 세로선

재운을 보조하는 선으로 사교성, 창의력, 탐구심을 강화시켜 재주가 많고 사람들과의 교류가 뛰어납니다. 사람과 돈을 굴리는 융통성이 좋습니다. 단, 수성선이 너무 많으면 유흥, 오락, 음주가무 등에 쉽게 빠지거나 투자 실패 등으로 인한 금전 손실이 발생할 수도 있습니다.

• 횡재선 - 태양구에 가깝게 붙은 재운선

재운선이 수성구보다 태양구에 가깝게 있는 선을 횡재선이라 하는데. 복권, 주식, 부동산 등의 투자나 유산 상속으로 인해 큰돈이 생기는 것을 의미합니다.

수성구로 올라가는 선들을 모두 재운선이라고도 하는데 자세히 나누면 재운선의 투기 능력, 금전운, 직업운 / 건강선의 체력, 끈기,

도전정신 / 직감선의 예지력, 직감력 / 수성구의 사교성과 융통성 / 횡재선의 횡재운이 합쳐져 재운선의 특징을 이룹니다.

강한 재운선

재운선은 제2화성구와 수성구의 특징을 가집니다. 제2화성구의 특징 기억나시나요? 인내심, 끈기, 지구력과 사업적 기질이죠. 수성구의 특징은 상업 재능, 언변, 탐구적 기질입니다. 이 두 기질이 합해져 책임감 강하고 성실하며 머리 회전도 빨라 직업적으로나 사업적으로나 누구보다 일찍 앞서 나가는 사람이 됩니다. 재운

선이 강하면 연애나 결혼에서도 오랫동안 인연을 이어나가는 경우가 많습니다.

약한 재운선

재운선이 없거나 중간에 끊어지거나 약하면 직장운과 사업운도 떨어집니다. 끈기, 인내심, 책임감, 도전정신이 부족하여 싫증도 빨리 내고, 정신적, 체력적으로 허약한 경우가 많습니다. 사업을 한다면 업종을 자주 바꾸고 힘든 고비에 쉽게 포기합니다. 직장인은 직장을 자주 옮기거나 업무

성과를 내기 어렵습니다. 대체로 재운선이 끊어지거나 변하는 시기에 직장도 변동됩니다. 학생이라면 학업 성취도가 약합니다. 이런 경우 운동과 정신수양을 통해 마음과 몸을 튼튼히 해야 합니다.

여러 가닥의 재운선

재운선이 두세 가닥으로 너무 많이 생기면 일복이 많아집니다.

직장 내에서 일을 도맡아 업무량이 많거나 부업을 해서 직업적 사업적 에너지가 분산되어 노력에 비해 이득이 없습니다. 하지만 재운선에 지선이 합류되면 주변 사람들의 도움으로 안정된 삶을 누리게 됩니다.

재운선이 많으면 건강 측면으로는 좋지 않습니다. 생각이나 일에 너무 많은 에너지를 써 정신적으로나 체력적으로 무리가 옵니다. 특히 스트레스로 인한 간 기능에 문제가 생길 수 있습니다. 여성인 경우 재운선이 한 가닥 더 생기면 선이 생기는 유년에 결혼할 수 있습니다.

유형별
재운선

시작점으로 본 재운선

운명선 또는 손바닥 아래쪽에서 시작하는 경우

가장 흔하게 볼 수 있는 재운선으로 건강선이라고도 합니다. 재운선으로 보면 초년시기부터 일찍 사회생활을 시작하여 직업적으로나 능력적으로 빨리 자리를 잡아가는 것을 의미합니다. 재운선이 손바닥 아래로 내려오면 건강선으로 보는데 초년부터 일찍 사회생활을 하는 관계로 체력적으로나 심적으로 힘든 것을 암시합니다. 건

강선(재운선)이 끊어지거나 불안하게 올라가면 체력적으로나 정신적으로 힘든 상태를 나타냅니다.

생명선에서 시작하는 경우

생명선에서 출발한 재운선은 자수성가선과 의미를 같습니다. 집안의 도움 없이 스스로의 노력으로 사업이나 직업적 성공을 이룸

니다. 재운선이 출발한 생명선 유년 시기에 사업이나 부동산으로 큰 재산을 모읍니다. 단, 재운선이 끊어지거나 불안하게 올라가면 사업이나 건강에 문제가 크게 발생하여 오히려 사업 실패, 퇴직 등 직업적, 금전적 문제가 발생하고 건강에도 문제가 발생합니다.

두뇌선에서 시작하는 경우

두뇌선에서 시작되는 재운선은 두뇌선의 상향지선과 같습니다. 재물을 모으는 비범한 재능을 가지고 있는 것과 같아 사업이나 재테크로 큰돈을 법니다. 직장이나 사업도 머리를 쓰는 곳에서 하는 게 좋습니다. 그래야 자신의 능력이나 아이디어로 직장이나 사업에서 성공합니다. 이 경우 특히 부동산운이 좋습니다. 유년을 볼 때는 재운선의 유년과 두뇌선의 유년을 함께 봐주세요.

제2화성구 근처에서 시작하는 경우

제2화성구에 해당하는 두뇌선 위는 유년시기로 40대 후반을 상징합니다. 재운선이 제2화성구에서 시작하는 건 40대 이후 재물과 운이 늦게 모이기 시작함을 의미합니다. 재운선이 늦게 시작하는 사람은 젊었을 때는 하고 싶은 일이나 인생의 목표가 없는 경우가 많습니다. 재운선이 시작되는 유년이 되어야 비로소 목표가 생깁니다.

금성구에서 시작하는 경우

생명선 안쪽은 가정, 가족, 친인척을 나타내는데 금성구에서 재운선이 출발했다면 가업을 물려받거나 친인척의 도움으로 사업을 하게 됩니다. 금성구에서 출발하는 재운선은 생명선을 끊고 가는 모양이라 건강에 주의해야 합니다. 특히 재운선이 지나가는 유년에 건강상 문제가 있을 수 있으니 재운선이 끊어지거나 불안한 모양이면 특히 건강에 주의합니다.

월구에서 시작하는 경우

월구에서 수성구로 올라가는 재운선은 직감선이라고 불립니다. 직감선을 가진 사람은 꿈과 직감이 잘 맞는데, 미래를 예측하는 능력이 누구보다 뛰어납니다. 그래서 주식, 부동산 등 경제 흐름을 분석하는 직업이 좋고, 투자로 큰 성공을 이루기도 합니다.

또한 타인의 심리를 읽는 능력도 뛰어나 상대방을 이해하고 배려를 잘하여 이성뿐만이 아니라 많은 사람에게 사랑을 받습니다.

감정선 위에 있는 경우

감정선 위 수성구 자리에 세로로 생긴 작은 선을 수성선이라고 하는데, 재운선의 기운을 더욱 강하게 하는 보조선 역할을 합니다. 수성선이 강하고 굵게 두세 가닥 정도 생기면 금전운이 더욱 좋아집니다. 수성선이 태양구 쪽에 가까워질수록 금전운도 커집니다. 하지만 선이 얇고 잔선이 많으면 오히려 금전운을 약화시켜 음주나 도박으로 돈을 낭비하거나 투자 실패로 큰돈을 잃는 경우가 생깁니다.

태양구에 가까운 경우

재운선이 소지(수성구)와 중지(태양구) 사이에 있는 경우 횡재선이라 하는데, 우연히 또는 갑자기 큰 행운이 찾아오는 것을 의미합니다. 원래부터 횡재선이 있던 사람은 투자나 재테크에 관심이 많아 이를 통해 큰돈을 벌고, 횡재선이 갑자기 생긴 사람은 유산이나 복권 등 생각지 못한 행운이나 큰 재물을 얻습니다. 하지만 횡재선 끝이 갈라지거나 장해선으로 인해 끊어지면 행운이 들어와도 그 시간이 짧거나 행운이 불행이 되는 경우가 있습니다.

횡재선과 감정선 사이의 간격을 보면 언제 행운이 오는지를 알 수 있습니다. 횡재선이 감정선에 가까이 붙을수록 행운이 찾아오는 시기가 가깝습니다. 감정선 위에서 굵고 선명하게 붙어 있으면, 가까운 시기에 행운이 찾아오고 떨어져 있을수록 미래에 행운이 찾

아옵니다. 또 왼손과 오른손을 비교해도 행운이 오는 시기를 알 수 있습니다. 횡재선이 오른손에 있으면 좀 더 빨리 행운이 오고, 왼손에 있으면 행운이 더 미래에 오는 것을 의미합니다.

재운선에 나타나는 불길한 신호

끊어져 퍼지면서 수성구로 올라가는 경우

직업적으로나 사업적으로 일이 잘 풀리지 않을 때 이런 모양으로 나타납니다. 재운선이 끊어져 퍼져 있다면 일이 잘 안 풀리고 짜증만 늘어가는 상황이란 걸 알 수 있습니다. 특히 이런 재운선이 나타나면 건강에 적신호가 켜진 것과 같습니다. 과도한 업무와 스트레스로 간이나 소화기관이 좋지 않을 수 있으니 즉시 건강검진을

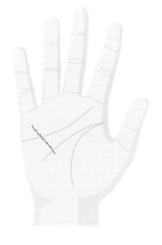

받거나 안정과 관리가 필요합니다.

장해선에 의해 끊어지거나 점이 생기는 경우

재운선이 장해선에 의해 끊어지거나 점이 생기면 직장이나 사업적으로 또는 금전적으로 큰 문제가 발생함을 의미합니다.

감정선 위에서 끊어진 경우는 지금 갑자기 큰 문제가 발생한다거나 직장 내 퇴직이나 사업상 큰 불행이 찾아오는 것을 의미하고, 감정선 밑에서 끊어지면 경력 단절이나 재산 분쟁, 소송 다툼을 의미합니다. 장해선이 생겨도 재운선이 끊어지지 않으면 어려운 시기는 있어도 극복하여 나갑니다.

재운선이 사라지는 경우

재운선이 갑자기 사라질 때 그 유년시기부터 직장운, 사업운, 금전운이 나빠집니다. 갑자기 사라지는 것은 인내심, 끈기, 지구력이 약해진 것을 나타냅니다. 사업이나 직장을 그만두거나 더 이상 일하기 싫어집니다. 재운선이 약해질 때 직장을 옮기거나 사업을 시작하면 만족하지 못하고 다시 다른 곳을 찾게 됩니다. 직장을 그만두면 재취업이 어렵고, 사업을 한다면 점차 어려워집니다. 이 경우 건강 문제가 함께 오는 경우가 많습니다. 주로 간장에 문제가 많이 생기니 조심하세요.

그 밖의 손금

결혼선

결혼선은 소지와 감정선 사이 수성구를 평행으로 지나는 선을 말하는데 애착선이라고도 합니다. 결혼선으로 상대와의 인연, 결혼, 애정 상태 등을 알 수 있는데, 감정선의 상태 및 생명선에 나타난 배우자선(영향선)과 운명선에 합류되는 지선을 보면 인연의 만남과 결혼 시기 등을 좀 더 정확히 판단할 수 있습니다.

결혼선으로 결혼이나 애정을 정확히 판단하려면 다음 다섯 가지를 먼저 살펴봐야 합니다.

1. 결혼선의 위치 - 인연을 만나거나 결혼하는 시기

결혼선이 감정선에 가까이 있을수록 초혼(빠른 결혼), 소지에 가까울수록 만혼(늦은 결혼)입니다.

2. 결혼선의 강약 - 인연이 깊은지 짧은지

결혼선이 뚜렷할수록 애정이 깊고 오랜 인연, 선이 희미할수록 냉정하고 짧은 인연입니다.

3. 결혼선의 길이 - 좋은 인연인지 안 좋은 인연인지

결혼선이 길수록 좋은 인연을 만나고 짧을수록 결혼에 관심이 없어집니다.

4. 결혼선의 끝선 방향 - 연인이나 결혼 상태

결혼선이 위로 올라갈수록 애정이 깊어지고 선이 내려갈수록 불행과 이별이 생깁니다.

5. 결혼선의 개수 - 인기인인지 결혼을 몇 번 하는지

결혼선의 개수가 많을수록 인기가 많고 바람둥이이며 적을수록 결혼에 관심이 없습니다.

결혼선이 약하고 두 개 이상이라도 생명선 안쪽 배우자선(영향선)이 하나로 뚜렷하면 결혼생활이 행복합니다. 하지만 배우자선이 두 개 이상이거나 끊어지면 이혼 확률이 높습니다.

결혼선의 위치

감정선과 소지 사이에 있는 선을 결혼선이라 하는데, 감정선과 소지 사이에 중간선(1/2)을 결혼 적령기로 봅니다. 시대에 따라 달라지지만 여자는 30세, 남자는 35세 정도로 보면 됩니다. 결혼선이 감정선에 가까울수록 일찍 결혼하고, 반대로 결혼선이 소지 쪽에 가까워질수록 결혼 시기가 점점 늦어지거나 결혼을 하지 않는 경우가 있습니다.

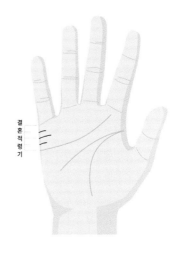

결혼선의 강약과 길이

결혼선이 길고 진할수록 열렬한 연애 끝에 결혼의 결실을 맺습니다. 결혼선이 굵을수록 내 사람을 지키는 힘과 능력이 강해지고,

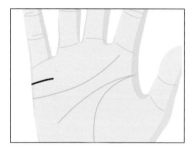

결혼선이 길수록 그 사람과의 인연에 끈이 길게 이어져 헤어졌다가도 곧 다시 만나 연인 사이에서 결혼까지 가는 행복한 결실을 맺을 수 있습니다.

반대로 결혼선이 흐리면 이성이나 결혼에 대한 관심이 적고, 인연을 맺어도 깊은 관계로 가지 못합니다. 결혼선이 짧아질수록 인연이 쉽게 끊어지는 경우가 생깁니다.

결혼선의 개수

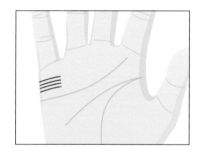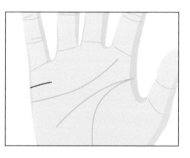

결혼선이 많을수록 결혼 여부와 관계없이 이성에게 인기가 많습니다. 바람둥이 기질이 강한 사람으로 남녀 구분 없이 친절하고 상냥하며 애교가 많아 인기도 좋습니다. 하지만 금방 뜨거워지고 쉽게 식는 타입이라 결혼생활에는 문제가 생길 수 있습니다.

반대로 결혼선이 하나만 있으면 운명적인 사람과 열렬한 연애

끝에 결혼을 하는 경우가 많습니다. 많은 사람을 사귀는 것보다는 한 사람과 깊은 인연을 맺어 결혼까지 갑니다.

요즘은 굵은 선 하나에 작
은 선 여러 개인 경우가 많습
니다. 결혼선은 굵은 선 하나만
보고 작은 선은 보조선으로 보
는 것이 좋습니다. 이런 손금은
친절하고 사교성이 좋아 연애

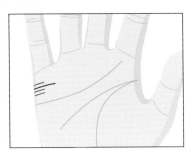

도 결혼도 잘하는 사람이 많습니다.

결혼선 끝선이 상향하는 경우

결혼선이 상향할수록 애정이나 결혼관계가 좋아져서 미혼인 경우 결혼을 하고 기혼자인 경우 더욱 애틋해집니다. 결혼선이 상향한 사람들은 대체적으로 이성에게 인기가 많고 성적인 것에 관심이 많습니다. 결혼의 상대자로는 경제적, 사회적 지휘 등의 조건이 좋은 사람을 만날 확률이 높습니다. 하지만 다소 바람기가 있어 여러 사람을 사귈 수도 있고 결혼 이후에도 불륜을 저지르는 경우가 있습니다.

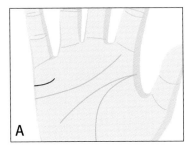

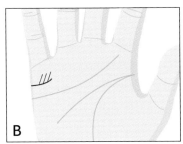

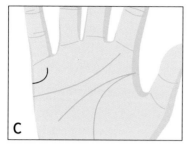
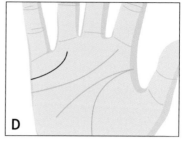

A. 결혼선이 완만히 상향하는 경우는 좋은 사람과 결혼을 하며 결혼생활도 행복합니다.

B. 결혼선에서 지선이 위로 상승하면 결혼으로 생활이 더욱 풍족해집니다.

C. 결혼선이 소지로 급하게 상승하면 사랑보다 일을 중요시 여겨 독신이 많습니다.

D. 결혼선이 약지(태양구)로 상승하면 유명인이나 자산가와 결혼하는 행운의 손금입니다.

결혼선 끝선이 하향하는 경우

결혼선이 하향할수록 애정이나 결혼관계에 문제가 생겨 마음이 멀어져 인연이 약해집니다. 하향이 심해지면 이별, 이혼, 사별이 임박했음을 나타냅니다. 그 외에도 결혼 생각이 없는 경우나 옛 연인에 대한 상처가 큰 경우에도 하향합니다. 여성의 경우 자궁이나 생식기 계통의 건강이 나빠지는 경우에도 나타납니다.

A. 결혼선이 완만하게 하향하면 애정이나 부부관계가 점차 식어감을 의미합니다.

B. 결혼선에서 지선이 밑으로 하향하면 결혼생활이 불행해져 이

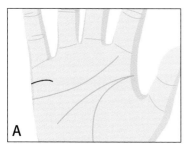

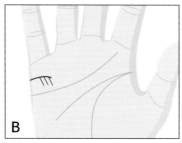

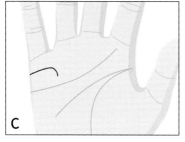

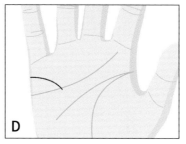

별함을 의미합니다.

C. 결혼선이 약지(태양구)에서 급하게 하향하면 상대 때문에 불행이 커짐을 의미합니다.

D. 결혼선이 감정선 밑으로 하향하면 부부 불화로 인한 이혼이나 사별을 의미합니다.

오른손의 결혼선만 하향할 경우 배우자나 애인이 이별을 구체적으로 생각하거나 외도, 건강 악화, 사망 등의 문제가 있을 수 있습니다. 원인이 상대에게 있는 것이죠. 왼손만 하향할 경우는 상대에 대한 나의 애정이 식었거나 이별을 생각하고 있다는 의미입니다.

결혼선과 평행한 짧은 선이 있는 경우

결혼선 위아래로 짧은 선이 평행으로 있으면 결혼생활을 유지하면서 다른 이성과 관계를 맺고 있는 것을 의미합니다. 결혼선 위

아래 생긴 평행선이 길수록 관계가 오래 지속되며 짧으면 잠깐의 바람으로 끝나는 경우가 있습니다.

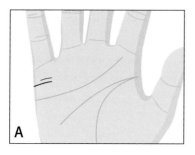

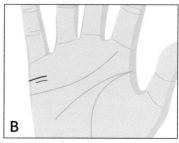

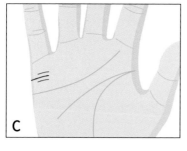

A. 결혼선 위쪽 짧은 선은 결혼 후에 애인이 생기는 것을 나타냅니다.

B. 결혼선 아래 짧은 선은 결혼 전 애인과 결혼 후에도 관계가 지속됨을 나타냅니다.

C. 결혼선 위아래 짧은 선이 있는 사람은 바람둥이로 지금 누군가를 사귀고 있습니다.

결혼선의 끝선이 갈라진 경우

결혼선의 끝선이 상하로 갈라지는 것은 이별, 이혼, 사별 등을 암시합니다. 결혼선의 갈라짐이 진하고 갈라진 폭이 클수록 연인이나 부부관계가 회복되지 않음을 의미합니다. 하지만 상하로 갈라지는 폭이 적거나 희미하면 일시적인 다툼이나 장기출장으로 인한 이별, 별거, 헤어짐을 나타내어 시간이 지나면 갈라짐이 다시 회복되는 경우가 있습니다.

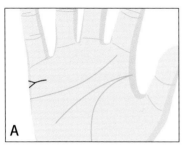

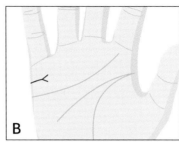

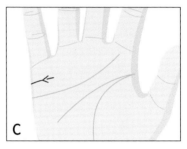

A. 시작선이 갈라졌다 합쳐지면 결혼에 장애가 있었으나 극복하고 결혼하는 것을 의미합니다.

B. 끝선이 위아래로 갈라지면 이혼, 별거, 장기이별 등 배우자와 떨어짐을 나타냅니다.

C. 끝선이 갈라졌다 다시 하나로 연결되면 이혼, 별거 등 장기간 떨어져 있다 재결합합니다.

결혼선이 끊어진 경우

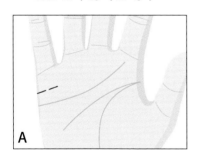

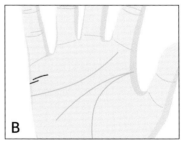

A. 결혼선이 중간에 끊어지면 순조롭던 결혼생활에 심각한 문제가 생김을 의미합니다.

B. 결혼선이 중간에 끊어졌다 바로 연결된 모양인 경우 결혼선

이 연결되는 폭이 좁으면 별거나 이혼 후 다시 재결합하는 것을 의미하지만, 결혼선이 떨어져 있는 간격이 넓으면 이혼 후 다른 사람과 재혼하는 것을 의미합니다.

결혼선이 장해선(세로선)에 의해 끊어진 경우

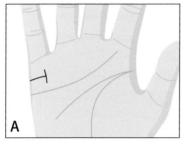

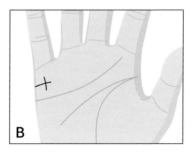

A. 결혼선 끝이 세로선에 막히면 결혼 과정이나 생활에 큰 문제나 불화가 있음을 의미합니다.

B. 결혼선이 막힌 세로선을 뚫고 지나가면 불화나 장애를 극복해 나간 것을 의미합니다.

C. 결혼선이 엑스자로 막히면 배우자를 갑자기 질병이나 사고로 잃는 경우가 생깁니다.

결혼선에 섬모양이나 점이 생긴 경우

A. 결혼선 끝에 섬모양이나 점이 생기면 질병이나 불화 등 결혼 생활에 심각한 문제가 발생합니다.

B. 결혼선 중간에 생긴 섬모양이나 점은 큰 질병이나 불화가 있었지만 잘 극복해 나간 것을 의미합니다.

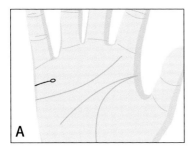

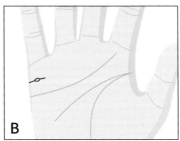

신데렐라 결혼선(행운의 결혼선)

결혼선이 태양선과 합쳐져 태양구로 올라가는 선을 말합니다. 꿈 같은 행운의 결혼이라 할 수 있습니다. 이런 손금을 가진 사람은 자신보다 지위가 높거나 자산가인 사람을 만나 결혼하는 경우가 많은데, 결혼생활도 행복하여 아름다운 인생을 삽니다. 남성보다 여성에게 많이 나타납니다. 이런 손금을 가졌다면 너무 조급해하지 말

고 많은 사람과 교류하며 상대를 기다리면 평소에 그리던 이상형을 만나 행복한 결혼을 할 수 있습니다.

결혼선 위에 나타나는 자식선

결혼선 위에 세로로 나타나는 선으로 자식선이라고 합니다. 자세히 보지 않으면 잘 보이지 않습니다. 손의 바깥쪽 결혼선 시작 부위를 시작점으로 보아 결혼선 위에 생기는 선 순서대로 첫째, 둘째, 셋째 자식 순으로 봅니다. 선이 굵고 길수록 자식운이 좋고, 짧고 약

할수록 허약체질인 경우가 있습니다.

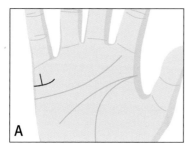

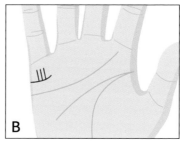

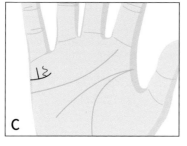

A. 결혼선 위에 굵은 자식선이 생기면 임신도 쉽게 되고 건강한 자식을 얻습니다.

B. 결혼선 위에 굵은 자식선이 여러 개 생기면 생긴 숫자만큼 자식을 보는 것을 암시합니다.

C. 결혼선 위에 첫 번째 선은 굵고 힘이 좋아 첫째 아이는 건강하지만, 두 번째 자식선이 약하여 둘째 아이가 건강이 좋지 않음을 암시합니다.

자식선은 생식선이라고도 하는데 부모의 생식 능력에 문제가 생길 때도 자식선이 없어지거나 힘이 약해집니다. 자식을 가지기 전에 부모의 건강관리가 중요합니다.

금성대

금성대란 감정선의 위쪽에서 토성구와 태양구를 둘러싼 활 모양의 선을 말합니다. 금성대를 영어로는 'The Girdle of Venus'라 하는데 비너스는 아프로디테라고도 합니다. 이름 그대로 금성(Venus)의 영향과 태양(Sun)의 영향을 받는 예술과 사랑의 선으로보면 됩니다.

금성대는 사랑의 연결고리로 남녀의 정신적 사랑과 육체적 사랑 모두를 포함하고 있습니다. 손금에 금성대가 있는 사람은 사랑, 예술, 성적 감각이 일반인보다 발달하고 예민해서 문학, 음악, 그림 등 예체능 분야에서 뛰어난 성과를 이룹니다. 그래서 일명 연예인 손금이라고도 합니다.

금성대가 있는 사람 중 두뇌선과 운명선이 뚜렷하면 생각과 목적이 뚜렷하여 어떠한 주변의 유혹에도 넘어가지 않고 최종적으로 원하는 바를 성취하지만, 두뇌선과 운명선이 약하면 끼와 매력, 재주와 욕구는 강하지만 하고자 하는 의지와 노력, 인내심이 부족하여 나쁜 유혹에 쉽게 빠져 도중에 하차를 하거나 잘못된 길로 가는 경우가 많습니다.

뚜렷한 금성대

금성대가 하나만 뚜렷이 있거나 길게 잘 발달되면 교양, 인간적 매력, 미적 감각이 뛰어난 멋쟁이로 인기가 많습니다. 예술적 감성이 풍부하고 성적인 매력이 강해 이성뿐 아니라 주변 모든 사람들에게 인기가 많습니다.

금성대가 뚜렷한 사람은 일찍부터 예술적 감각을 인정받아 어린 시절부터 문학, 미술, 음악, 예체능 분야에서 두각을 나타냅니다.

지저분한 금성대

감정선 위로 여러 금성대와 다른 잔선들이 지저분하게 지나가면 금성대의 안 좋은 성향인 자기중심성, 우울함, 어두움, 예민함이 더 강해져 나쁜 기운에 쉽게 물들거나 무언가에 집착하거나 중독되기 쉽습니다.

특히 인기나 주목을 받다가 잊히거나 심경이 불안해지면 집착이 강해지고 약물에 쉽게 중독되거나 비정정상적인 성적 행위에 집착하여 문제를 일으킬 수 있습니다.

금성대가 두세 개 뚜렷이 나타나는 경우

금성대가 감정선 위에 두세 개 뚜렷이 나타나면 예술 감각이 더욱 강하고 다양하게 표출되어 음악, 미술, 문학, 운동 등 다양한 분야에서 모두 두각을 나타내는 만능 엔터테이너가 많습니다. 하지만 이런 끼와 재능, 매력에 능력이 나쁘게 발휘되면 성적인 욕구와 집착이 강해져 한 사람에게 만족하지 못하고 여러 사람을 동시에 사귀는 등 성적으로 삐뚤어진 사고방식을 갖기도 합니다.

금성대가 결혼선에 연결이 되는 경우

금성대가 결혼선에 연결되거나 소지(수성구) 자리까지 뻗어 있으면 금성대가 수성구의 영향을 크게 받아 성적인 욕구가 지나치게 강해집니다. 이성을 만날 때도 정신적 사랑보다는 육체적 사랑에 집착을 하여 상대를 만날 때 성욕을 해결하는 도구로 생각하는 경우가 많으며 성적으로도 자극적인 것을 원해 이상한 취향을 갖는 사람도 있습니다.

금성대에 섬모양, 점모양이 있는 경우

　　금성대에 섬모양, 사슬모양, 점모양 등 문양이 생기면 금성대의 성향이 더욱 강해진다고 보면 됩니다. 예술, 문학 등에서 남들과는 다른 파격적인 행위를 펼치고, 일반인이 이해하지 못할 행동을 하는 경우가 많습니다. 또한 성적인 욕구가 매우 강하고 스스로를 자제하지 못해 이성관계가 문란해지는 경우가 많습니다. 이런 사람은 대체적으로 조울증과 애정결핍이 있어 주위 사람들의 애정과 돌봄이 필요합니다.

3

손목선

손목에 가로로 그어진 선을 손목선(수경선)이라 합니다. 손목선은 건강을 주로 보는 선인데 본인 건강뿐만이 아니라 가족의 건강, 출산에 관련된 것들도 알 수 있는 선입니다. 보통 손목에 세 가닥의 손목선이 흐르는데, 선명하고 뚜렷하면 체력이 튼튼하고 장수할 수 있으며 반대로 선이 불명확하고 끊어지면 선천적으로 건강이 약할 수 있습니다. 손바닥에서 손목 쪽으로 처음 보이는 손목선을 제1손목선이라 하는데 이 선은 특히 본인의 건강과 수명, 자손에게 영향을 많이 주어 주의 깊게 보아야 합니다.

손목선이 뚜렷하고 선명한 경우

손목선 세 줄이 선명하고 뚜렷한 것을 가장 좋은 손목선으로 보는데 체력이 좋고 잔병치레 없이 건강하여 장수합니다. 특히 여자는 임신이 잘되고 자식운도 좋은 경우가 많습니다. 손목선이 네 가닥이면 큰 부호가 되거나 훌륭한 자손을 얻습니다.

제1손목선의 모양

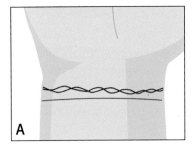

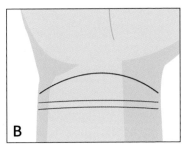

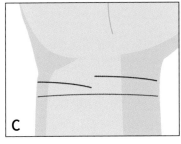

A. 제1손목선에 사슬모양, 섬모양이 생기면 허약체질로 소화기능에 문제가 생기고 여성은 자궁이 약해지는 경우가 많습니다.

B. 제1손목선이 볼록하게 올라가면 자손을 늦게 갖거나 자손으로 인해 고생할 수 있습니다.

C. 제1손목선이 끊어진 모양이면 건강 악화로 수술, 사고가 생길 수 있음을 나타내는데 끊어진 곳이 소지 쪽에 가까울수록 초년, 엄지 쪽에 가까울수록 말년에 불행을 겪습니다.

4

장해선

장해선은 특정선을 끊거나 지날 때 그 선에 장해를 일으켜 본인이나 주변의 변화를 예고하는 선입니다. 장해선이란 결혼, 이사, 이직, 취직 등 인생의 큰 변화를 의미합니다. 병이나 죽음을 의미하기도 하는데, 나 자신이나 가까운 친인척, 친구의 죽음을 나타내기도 합니다.

장해선은 손바닥의 어느 곳에나 나타날 수 있으며 어느 선을 지나느냐에 따라 의미가 달라집니다.

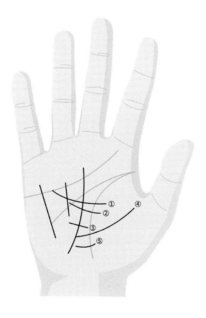

1. 감정선에서 시작해서 생명선으로 내려가는 장해선

심장질환이나 정신질환 등의 문제를 일으키는, 정신적으로나 육체적으로 큰 타격 주는 위험한 장해선입니다. 특히 가까운 사람에게 배신과 상처를 받는 경우가 많아 비애선이라고도 불립니다.

2. 두뇌선에서 시작해 생명선으로 내려가는 장해선

뇌질환, 뇌경색 등 머리 부위 건강에 나쁜 영향을 주며 잘못된 판단으로 의한 재산 손실, 파산, 퇴직 등을 나타냅니다.

3. 운명선을 지나 나타난 장해선

나와 관련된 직업, 결혼, 인생의 변화를 보여줍니다.

4. 생명선 안쪽 금성구에서 나타난 장해선

죽음의 선으로 불리는데 특히 질병, 사고 등을 암시하는 선입니다. 이 선이 나타나면 나와 가족의 건강을 반드시 챙겨야 합니다.

5. 생명선을 지나가거나 끊고 지나가는 장해선

장해선이 생명선을 끊고 지나가는 유년시기에 따른 병을 관찰합니다. 초년시기에 해당한다면 갑상선, 호흡기질환, 경추장해를 조심하고, 중년시기에 해당하면 위장, 유방, 척추장해를 조심하고, 말년시기에 해당하면 대장, 자궁, 신장, 골반장해를 조심합니다.

장해선의 굵기와 길에 따라 장해 정도의 강약을 확인할 수 있습니다. 장해선이 길다면 그 기간이 길어지고, 굵다면 장해가 심하게 발생을 합니다. 장해선이 짧고 얇은 경우는 예민하고 잔근심이 많습니다.

손에 나타나는
보조선

　기본 삼대선(생명선, 두뇌선, 감정선)과 세로 삼대선(운명선, 태양
선, 재운선) 외에 손에 나타나는 손금을 보조선이라 합니다. 보조선
은 기본선의 성향을 강화하기도 하고 약화시키기도 합니다. 어느
구에 있느냐에 따라 영향을 받으니 구의 위치를 확인합니다.

솔로몬링

　검지 아래 부분에 있는 고리 혹은
초승달 모양의 선입니다. 솔로몬링이
하나만 나타나도 강하지만 두 줄이면
그 성향이 더욱 강해집니다. 솔로몬링
이 좁을수록 직감이 뛰어납니다. 뛰어
난 직감 때문일까요? 솔로몬링이 있
는 사람은 첫인상을 매우 중요시하는
데, 실제로 첫 느낌, 첫 예감이 잘 맞습
니다. 솔로몬링이 넓으면 목성구의 중

간을 지납니다. 목성구의 특성이 강하게 발현되어 명예욕, 권력욕, 성
취욕과 리더십이 발달합니다.

목성구의 우물정자

목성구 자리에서 솔로몬링, 감정선, 향상선이 만나면 우물정자가 생기는데, 이런 손금을 지도자의 손금이라 합니다. 성취, 명예, 권력, 리더십 기질이 더욱 강해집니다. 우물정자가 학생에게 나타난다면 뛰어난 노력으로 학업 성취가 좋습니다. 직장인에게 나타나면 취업운, 승진운이 좋고, 사업가에게 나타나면 높은 리더십과 성취욕으로 쉽게 포기하지 않는 성향을 보입니다.

토성환

중지 아래 고리나 초승달 모양이 토성환입니다. 토성환은 토성구의 특성을 더욱 강하게 합니다. 현실세계에 만족하지 못하고 비관적으로 생각하는 경향이 있습니다. 인간을 혐오하고 항상 우울한 기분에 젖어 있기도 합니다. 하지만 정신적 깨달음을 추구하는 종교인이나 명상가, 수행자, 요가 수련가 등에게는 좋은 손금으로 영적 깨달음, 예지력, 직감 능력을 상승시킵니다.

배우자 복선

중지와 약지 사이로 올라가는 선입니다. 운명선과 태양선 사이에 나타납니다. 배우자의 직업이 좋거나 경제적으로 풍요로울 때, 배우자의 집안이 좋을 때 나타나 배우자 복선이라 합니다. 미혼이라면 향후 결혼할 배우자의 상태를 알아볼 수 있습니다.

인기선

월구에서 손가락 방향으로 부드럽게 휘어져 올라가는 짧은 선입니다. 직감선보다는 짧게 월구에서 시작해 위로 올라가는 선입니다. 월구의 영향으로 문학, 예술 등에 관심이 많고 좋아합니다. 타인과 교류도 잘하고 사교성이 좋아 인기선이라고도 합니다. 사람을 많이 상대하는 서비스업이나 연예인에게는 정말 필요한 선입니다.

음덕선

음덕선이 강하면 조상과 깊은 인연이 있음을 나타냅니다. 보통 집안의 장손이거나 집안 자체가 조상 모시는 것을 중요하게 생각하는 경우 나타납니

다. 위기에 처했을 때 조상의 도움을 받는 선이지만, 음덕선이 있는데 조상을 잘 모시지 않는다면 오히려 재앙이 큽니다.

후원선

타인에게 도움을 받는 선입니다. 후원선이 있는 사람은 성격이 밝고 솔직하며 윗사람을 공경하고, 주변 사람을 잘 챙겨 직장에서는 상사나 선후배의 도움을 받고, 사회적으로는 후원자의 도움으로 출세나 성공을 하는 선입니다. 후원선은 향상선과 다르게 생명선이나 두뇌선과 떨어져 독립적으로 목성구에 선이 나타나는 것이 특징입니다

독립선

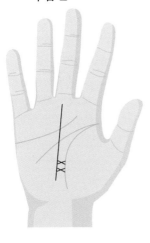

독립선은 금성구와 월구 사이에 나타나며 보통 운명선에 붙어 십자무늬를 만듭니다. 독립선이 있으면 스스로 판단하고, 행동하는 능력이 강해져 사업을 하거나, 프리랜서, 독립적 판단이 필요한 직업에 좋은 선입니다. 독립선이 두 개가 나란히 있으면 그 재능이 더 강해집니다.

의료선

소지와 약지 사이로 세로로 여러 줄이 나타나는데 이를 의료선이라 합니다. 의료 지식이나 기술을 나타내는 선입니다. 이 선이 있는 사람은 평소 건강에 관심이 많고, 주변 사람을 돌보는 것을 좋아하며 관찰 능력이 뛰어납니다. 의료선이 있는 사람은 의사, 약사, 간호사 등 의료 분야에 종사하는 사람이 많습니다.

설득선

수성구 자리에서 중지 쪽 감정선 위까지 내려오는 선으로, 감정선 위 장해선과 비슷하기는 하나 곡선이 더 있는 선을 설득선 또는 사려선이라고 합니다. 설득선이 생기면 주변 상황을 냉정하게 판단하는 능력이 있고 어느 한쪽에 치우치지 않고 균형 있게 보려는 성향이 강해 언제나 최선의 대처와 결정을 합니다.

사교선

중지에서 검지로 상향하는 선으로 사교선, 재능선, 자기과시욕선 등 여러 이름으로 부릅니다. 사교선은 감정선의 상향지선과 같

은 작용을 합니다. 사교선이 있는 사람은 솔직하고 성격이 밝고 개성이 넘치며 자기를 알리는 능력이 뛰어납니다. 누구에게나 호감을 사는 외모와 말솜씨로 분위기를 밝게 만들고 금방 사람과 친해집니다.

부처의 눈

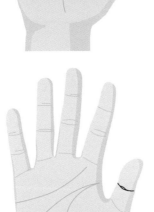

엄지 첫째 마디에 기다란 눈동자 모양처럼 나타나는 것을 부처의 눈이라 합니다. 부처의 눈이 있으면 영적인 감각과 직감이 남달리 뛰어납니다. 서양 문화권보다 동양 문화권에서 많이 나타납니다.

신비십자가

지선이 감정선과 두뇌선을 연결하고 운명선을 가로지르며 십자 모양을 만드는 경우 신비십자가, 신비십자문양이라고 합니다. 감정선은 하늘을 의미하고, 두뇌선은 사람을 의미하니 하늘과 사람을 잇는 선이 신비십자가입니다. 신비십자가는 감성적, 지적 에너지의 통로 역할을 하며, 직감과 영감이 뛰어나 창의적 재능이 있고 정신세계가 발달해 예술, 종교 분야 종사자가 많습니다. 예지몽을 잘 꾸고 신변의 위험을 미리 알 수 있습니다. 조상을 잘 모실 의무가 있거나 타인을 영적으로 깨닫게 도와주는 목적으로 나타나기도 합니다.

신비십자가 위에 별모양

신비십자가는 심각한 사고나 재난이 일어났을 때 큰 피해를 입지 않도록 보호해준다고 합니다. 특히 간절한 기도가 잘 이루어져 소위 '기도빨'이 좋다고 이야기합니다. 그러나 장해선이 지나며 별모양이 생기면 긍정적인 힘보다 부정적인 힘이 커지게 됩니다. 만약 평소 나쁜 마음이 커져 있다면 이 시기에 갑자기 큰 사고나 불행

이 찾아올 수 있습니다. 불행을 피하고 싶다면 그 시기에 '물'을 건너세요. 해외로 나가면 된다는 뜻입니다. 너무 힘들다면 종교의 힘을 빌리거나 조상에게 빌어보는 것도 좋은 방법입니다.

M자형 손금(성공의 M자 손금)

운명선이 두뇌선과 감정선 위로 강하게 올라간 모양이 M자 형태를 이룹니다. 모든 손금이 굵고 선명해야

하며 특히 중지(토성구)로 올라가는 운명선이 굵고 강해야 M자 모양이 나타납니다. 이 M자 모양이 선명할수록 열정적이고 진취적이며 어떤 어려운 난관이 있어도 좌절하지 않고 긍정적인 사고로 끝내 이겨내고 승리할 수 있습니다.

W자형 손금(행운의 W자 손금)

운명선과 태양선이 감정선 위로 강하게 올라간 모양이 W자 형태를 이룹니다. M자형 손금의 상위버전이라 보면 됩니다. 운명선과 태양선이 강하게 올라가면 W자 모양이 나타나는데, 이 손금이 있으면 나의 노력과 열정으로 성공하고, 태양선의 영향으로 사회적으로도 큰 성공을 이루어 누구나 인정할 만큼의 지위와 명성을 얻어 그에 걸맞는 재운도 따르게 됩니다.

삼지창 손금(억만장자 손금)

운명선과 태양선, 재운선이 감정선 위로 강하게 올라간 모양이 삼지창의 형태를 이룹니다. W자형 손금의 상위버전이라 보면 됩니다. 운명선, 태양선, 재운선까지 감정선 위로 강하게 올라가 마치 삼지창이 찌르는 모양을 하고 있습니다.

손금 자체도 굵고 선명하고 세로 삼대선까지 모두 잘 발달하면 나타나는 모양인데 스스로 노력과 사회적인 인지도와 재운선의 발달로 금전운도 크게 따라 큰 사업체를 일구거나 큰 재물을 모으는 손금입니다.

대표 손금 풀이

손금으로 본
직업운

✳ 개인 사업이나 자영업자가 잘 맞는 손금

✳ 서비스업이 잘 맞는 손금

✳ 금융 투자업이 잘 맞는 손금

✳ 사업가 CEO가 잘 맞는 손금

✳ 이공계 연구직이나 과학자가 잘 맞는 손금

✳ 인문계 학자나 교육자가 잘 맞는 손금

✳ 스포츠 선수가 잘 맞는 손금

✳ 세일즈맨이 잘 맞는 손금

✳ 의사나 의료인에 잘 맞는 손금

✳ 종교인이 잘 맞는 손금

✳ 글로벌하게 활동하는 손금

✳ 정치인으로 성공하는 손금

✳ 예술인으로 성공하는 손금

✳ 연예인으로 일찍 성공하는 손금

개인 사업이나 자영업자가 잘 맞는 손금

장사나 자영업 등 자기 사업을 하는 사람은 독립심과 책임감이 강하고 사교성이 좋아야 하기 때문에 검지(목성구)가 발달하여야 하며 두뇌선이 수성구로 상향하여 상업이나 금전 감각이 좋아야 합니다.

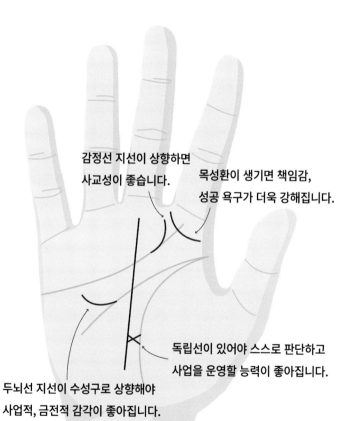

감정선 지선이 상향하면 사교성이 좋습니다.

목성환이 생기면 책임감, 성공 욕구가 더욱 강해집니다.

독립선이 있어야 스스로 판단하고 사업을 운영할 능력이 좋아집니다.

두뇌선 지선이 수성구로 상향해야 사업적, 금전적 감각이 좋아집니다.

서비스업이 잘 맞는 손금

사람을 많이 상대하는 서비스업에 잘 맞는 손금은 유연한 두뇌선과 사교선, 설득선이 있는 것이 좋습니다. 사교선은 솔직하고 밝고 개성 있는 성격을 의미하며 이 선이 있으면 남에게 자신을 알리는 능력이 강합니다.

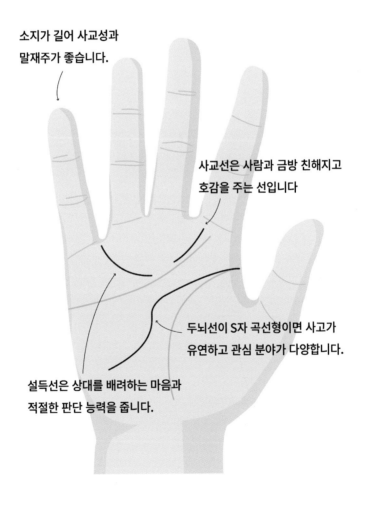

소지가 길어 사교성과
말재주가 좋습니다.

사교선은 사람과 금방 친해지고
호감을 주는 선입니다

두뇌선이 S자 곡선형이면 사고가
유연하고 관심 분야가 다양합니다.

설득선은 상대를 배려하는 마음과
적절한 판단 능력을 줍니다.

금융 투자업이 잘 맞는 손금

금융 관련 종사자나 투자를 하는 사람의 손금은 소지 수성구가 발달해야 합니다. 두뇌선에서 출발하는 태양선이 강하게 올라가면 금융, 투자, 기획, 개발 능력이 좋아 금융업으로 큰 성공을 할 수 있습니다.

소지가 길고 수성선이 발달하면
금융, 투자 능력이 좋습니다.

태양선이 두뇌선에서 출발하면
머리가 좋고 금전감각이 뛰어납니다.

두뇌선이 수성구로 향하면
금전운과 사업적 재능이 커집니다.

직감선은 예감, 미래 예측 능력을
뛰어나게 해줍니다.

사업가 CEO가 잘 맞는 손금

창업을 하거나 사업을 크게 키우는 사람의 손금은 막쥔손금이나 두뇌선이 제2화성구로 향하는 일자형 손금이 많습니다. CEO형 손금은 손금선이 선명하며 운명선, 태양선이 힘 있게 뻗어 올라갑니다.

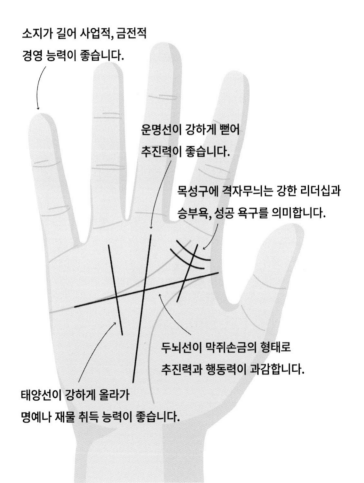

소지가 길어 사업적, 금전적 경영 능력이 좋습니다.

운명선이 강하게 뻗어 추진력이 좋습니다.

목성구에 격자무늬는 강한 리더십과 승부욕, 성공 욕구를 의미합니다.

두뇌선이 막쥐손금의 형태로 추진력과 행동력이 과감합니다.

태양선이 강하게 올라가 명예나 재물 취득 능력이 좋습니다.

이공계 연구직이나 과학자가 잘 맞는 손금

이공계열의 연구직이나 학자들의 특징은 약지와 소지가 발달해 있습니다. 특히 소지(수성구)가 발달하면 선견지명과 과학적 재능이 있으며 창의적인 아이디어로 사업적으로도 크게 성공하여 좋은 결과를 얻습니다.

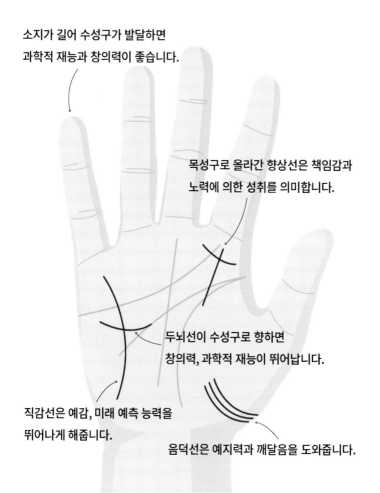

소지가 길어 수성구가 발달하면
과학적 재능과 창의력이 좋습니다.

목성구로 올라간 향상선은 책임감과
노력에 의한 성취를 의미합니다.

두뇌선이 수성구로 향하면
창의력, 과학적 재능이 뛰어납니다.

직감선은 예감, 미래 예측 능력을
뛰어나게 해줍니다.

음덕선은 예지력과 깨달음을 도와줍니다.

인문계 학자나 교육자가 잘 맞는 손금

인문이나 교육에 종사하시는 분들은 대체로 손이 가늘고 길며 검지(목성구)가 발달한 경우가 많습니다. 두뇌선이 길며 S자 형태로 월구로 향해 있으면 인문 분야에 큰 관심을 둡니다.

손 모양이 가늘고 손가락이 길면
문학적 감수성이 풍부합니다.

목성구 격자무늬는 지도자의 손금으로
강한 리더십과 노력에 의한 업적 성취를 의미합니다.

두뇌선이 S자형으로 월구로 향하면
두뇌가 발달하고 사고력, 논리력이 향상됩니다.

음덕선은 수호신이 있는 것과 같아
깨달음과 성취를 도와줍니다.

스포츠 선수가 잘 맞는 손금

운동선수의 손금은 기본적으로 손바닥이 크고, 선이 뚜렷한 것이 특징입니다. 특히 생명선이 크고 금성구가 두툼하여 열정과 에너지가 넘치며 두뇌선과 감정선 모두 직선형이거나 막쥔손금의 형태를 가지고 있는 경우가 많습니다. 여기에 태양선이 강하면 부와 명예를 얻는 선수가 됩니다.

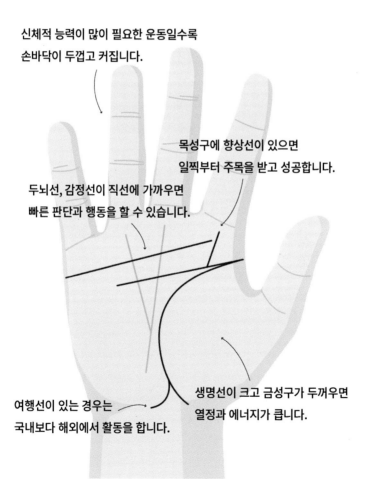

신체적 능력이 많이 필요한 운동일수록
손바닥이 두껍고 커집니다.

목성구에 향상선이 있으면
일찍부터 주목을 받고 성공합니다.

두뇌선, 감정선이 직선에 가까우면
빠른 판단과 행동을 할 수 있습니다.

여행선이 있는 경우는
국내보다 해외에서 활동을 합니다.

생명선이 크고 금성구가 두꺼우면
열정과 에너지가 큽니다.

세일즈맨이 잘 맞는 손금

영업 판매를 잘하는 사람은 적극적이고 매사 긍정적이며 실행력이 강합니다. 이런 손금은 우선 생명선의 금성구가 커야 합니다. 금성구는 에너지, 적극성을 상징하기 때문입니다. 또한 소지가 길고 두툼해야 하는데 소지의 수성구는 언변, 사교성, 재운을 상징합니다. 세일즈 왕이 되려면 수성구에 생긴 설득선, 수성구로 향한 두뇌선이 있는지를 잘 살펴야 합니다.

소지가 길수록 수성구의 성향이 강해져
말솜씨, 사교성이 좋아집니다.

설득선은 상대에 말을 잘 듣고
적절한 판단과 결정을 합니다.

감정선이 세 갈래 이상이면 친절하고
세심하며 고객에 대한 배려심이 좋습니다.

두뇌선이 수성구로 향하면
금전운과 사업적 재능이 커집니다.

금성구가 크고 두툼하면
적극적이고 활동적입니다.

의사나 의료인에 잘 맞는 손금

의료선은 타인을 관찰하고 관찰과 치료를 하는 의료인(의사, 간호사, 인명을 구조하는 직업)에게 많이 나타나는 선입니다. 의료선이 나타나면 의료 지식과 치료 능력이 좋아지고 평소 주위 사람을 잘 관찰하고, 건강에 관심이 많습니다. 여기에 운명선과 생명선 사이에 있는 십자모양의 독립선은 판단 능력과 행동 능력을 더욱 뛰어나게 해줍니다.

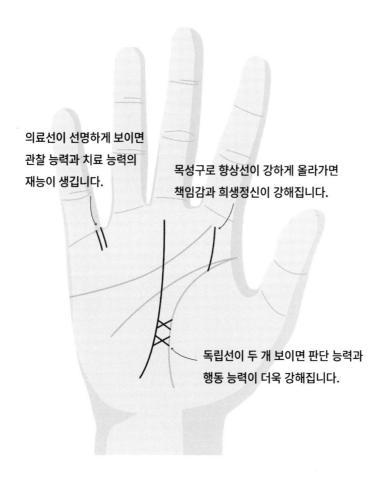

의료선이 선명하게 보이면 관찰 능력과 치료 능력의 재능이 생깁니다.

목성구로 향상선이 강하게 올라가면 책임감과 희생정신이 강해집니다.

독립선이 두 개 보이면 판단 능력과 행동 능력이 더욱 강해집니다.

종교인이 잘 맞는 손금

　종교인, 성직자, 깨달음을 얻으려고 노력하는 사람의 손금에는 거의 대부분 신비십자가가 먼저 보입니다. 신비십자가는 감성과 지적 에너지의 통로 역할을 하여 무의식 세계, 직감, 예지 능력이 강해집니다. 여기에 목성구가 강해지면 지도자의 역할을 하고, 중지에 토성환이 생기면 나만의 깨달음의 세계로 나아가는 경우가 많습니다

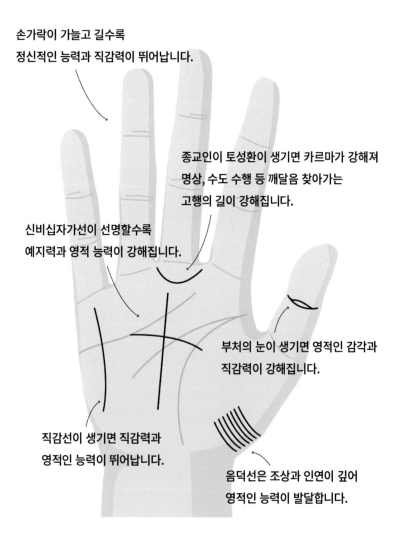

손가락이 가늘고 길수록
정신적인 능력과 직감력이 뛰어납니다.

종교인이 토성환이 생기면 카르마가 강해져
명상, 수도 수행 등 깨달음 찾아가는
고행의 길이 강해집니다.

신비십자가선이 선명할수록
예지력과 영적 능력이 강해집니다.

부처의 눈이 생기면 영적인 감각과
직감력이 강해집니다.

직감선이 생기면 직감력과
영적인 능력이 뛰어납니다.

음덕선은 조상과 인연이 깊어
영적인 능력이 발달합니다.

글로벌하게 활동하는 손금

외국에서 살거나 해외 출장이 잦은 사람의 손금은 기본적으로 생명선에서 지선으로 뻗은 여행선이 강하게 보입니다. 또한 생명선 안쪽에서 시작한 자수성가선이 목성구를 향해 뻗어 오르면 목성구의 강한 의지와 책임감, 리더십이 좋아져 해외에서도 부와 명예를 얻습니다.

중지(토성구)가 발달하면
자립심, 독립심이 강해집니다.

목성구에 후원선이 생기면
타인의 도움으로 크게 성공합니다.

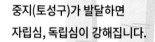

두뇌선이 생명선과 떨어지면
자립심, 독립심, 성공 욕구가 강해집니다.

생명선에서 여행선이 월구를 향해
길게 나오면 해외에 장기 체류합니다.

생명선 안쪽에서 올라간 자수성가선은
일찍부터 외국에서 공부하거나
해외에서 활동하는 것을 의미합니다.

정치인으로 성공하는 손금

일국의 지도자가 되려면 목성구가 잘 발달해야 합니다. 목성구에 솔로몬링이 생기거나 우물정자 모양이 생기면 검지(목성구)의 성공욕, 야망, 높은 이상, 리더십 성향이 더욱 강화됩니다. 운명선이 토성구를 향해 강하게 뻗어 M자형을 이루면 어떠한 어려움에도 목표한 바를 성취함을 나타냅니다.

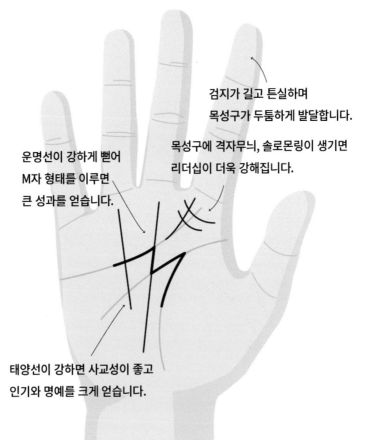

검지가 길고 튼실하며
목성구가 두툼하게 발달합니다.

목성구에 격자무늬, 솔로몬링이 생기면
리더십이 더욱 강해집니다.

운명선이 강하게 뻗어
M자 형태를 이루면
큰 성과를 얻습니다.

태양선이 강하면 사교성이 좋고
인기와 명예를 크게 얻습니다.

예술인으로 성공하는 손금

미술, 음악, 문학 등 순수예술이 강한 손금은 기본적으로 손바닥
보다 손가락 길이가 길어 지적 능력과 상상력이 강합니다. 두뇌선
이 월구로 향해 예술성과 감성 능력을 상승시키고, 여기에 감정선
과 금성대가 나타나면 남들과 다른 특이한 매력이 생겨 독특한 예
술성 생겨납니다.

손가락이 길고 가늘며
약지와 소지의 길이가 깁니다.

태양선이 월구에서 올라가면
예술, 문학 등에 성과를 냅니다.

감정선이 곡선형에 끝이 갈라지면
감성과 세심함이 더욱 강해집니다.

금성구가 발달하면
독특한 감성과 예술성이 강해집니다.

두뇌선이 월구로 곡선을 그리며 내려가면
예술, 문학, 상상력이 강해집니다.

연예인으로 일찍 성공하는 손금

가수나 배우로 일찍 성공하는 연예인을 보면 막쥐손금에 금성대가 강하게 있는 경우가 많습니다. 막쥐손금이 생기면 승부욕, 도전정신이 강해져 일찍부터 사회적 성공을 이루는데, 연예인 손금이라 하는 금성대까지 강하게 있으면 어린 나이부터 세계적으로 이름을 알리는 연예인이 됩니다.

금성대가 강하면 예술성과 매력이 강해집니다.

해외 귀인선이 태양구로 향하면 해외에서도 큰 인기를 얻게 됩니다.

향상선은 강한 성취욕, 성공 욕구로 초년에 큰 성공을 이루게 합니다.

막쥐손금을 가진 사람은 승부욕과 성공 욕구가 강합니다.

인기선은 예술과 사교성을 좋게 해 많은 사람들에게 사랑을 받습니다.

2

손금으로 본
재물 금전운

✳ 투자운이 좋은 손금

✳ 자수성가하는 손금

✳ 사업으로 성공하는 사람의 손금

✳ 대기만성형의 손금

✳ 인복이 있는 사람의 손금

✳ 로또 당첨 등 일확천금을 얻는 손금

✳ 부동산운이 좋은 손금

투자운이 좋은 손금

　투자운이 좋은 손금은 태양선과 재운선이 좋아야 합니다. 특히 태양선에 별모양이 보이면 투자의 신이 된 것과 같아 큰 재물을 얻게 됩니다.

소지가 길면 투자 감각과
사업적 재능이 월등합니다.

횡재선에 재운을 보조하는 선도 같이 생기면
주식투자나 재테크 능력이 강해집니다.

태양선에 별이 보이면
지금 큰 행운을 잡은 것과 같습니다.

해외 귀인선이 태양선과 만나면
주변에서 큰 도움을 줍니다.

자수성가하는 손금

부모나 주변에 도움없이 스스로의 노력으로 성공하는 손금은 생명선에서 출발한 자수성가선을 잘 봐야 합니다. 생명선의 유년시기에 따라 언제 성공할지 알 수 있습니다.

재운선이 감정선 위에 나타나면
그동안의 노력으로 재물운이
상승하는 것을 나타냅니다.

자수성가선은 스스로의 노력으로
성공함을 의미합니다.

태양선이 두뇌선에서 출발하면
스스로의 노력과 아이디어로 부와 명예를 얻습니다.

사업으로 성공하는 사람의 손금

운명선, 태양선, 재운선이 감정선 위로 강하게 올라가 삼지창 모양을 이룬다 해서 일명 삼지창 손금이라 합니다. 삼지창 손금은 큰 성공을 하는 손금입니다. 여기에 생명선에 향상선까지 오르면 사직문이라 하여 대성공을 이룹니다.

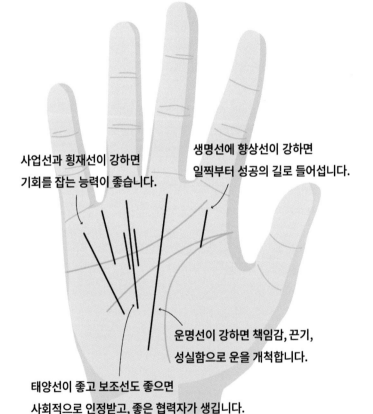

사업선과 횡재선이 강하면 기회를 잡는 능력이 좋습니다.

생명선에 향상선이 강하면 일찍부터 성공의 길로 들어섭니다.

운명선이 강하면 책임감, 끈기, 성실함으로 운을 개척합니다.

태양선이 좋고 보조선도 좋으면 사회적으로 인정받고, 좋은 협력자가 생깁니다.

대기만성형의 손금

대기만성형 손금은 부모의 도움이나 초년의 운은 약하지만, 성실한 노력으로 인해 성공하는 손금입니다. 이 손금을 볼 때는 운명선을 자세히 봐야 합니다. 운명선은 노력, 끈기, 인내, 성실성을 보는 선입니다.

태양선이 감정선 위에 생기면 말년에 성공하는 것을 의미합니다.

감정선이 목성구로 길게 뻗어 있으면 성실성, 리더십으로 높은 자리에 오릅니다.

운명선이 감정선 위로 강하게 오르면 직업적, 사업적으로 성공을 이룹니다.

인복이 있는 사람의 손금

부모의 원조나 주변 사람에게 도움을 받아 성공하는 손금은 인복선과 귀인선을 잘 봐야 합니다. 부모의 도움을 받으면 생명선에서, 외부 사람의 도움을 받으면 월구에서 귀인선이 올라갑니다.

태양선이 월구에서 올라가 타인의 도움으로 성공합니다.

운명선이 생명선 안에서 출발하면 가업을 물려받거나 집안의 지원을 받습니다.

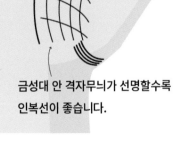

금성대 안 격자무늬가 선명할수록 인복선이 좋습니다.

로또 당첨 등 일확천금을 얻는 손금

노력 없이 뜻밖의 행운으로 일확천금을 얻는 손금은 문양을 잘 보아야 합니다. 특히 행운과 재운을 나타내는 태양구 자리와 수성구 자리에 별모양이나 횡재선이 생겼는지를 살핍니다.

수성구가 두툼해지고, 밝은 색을 띠면
재운이 좋아지는 신호입니다.

태양구에 별문양이 선명하면
행운이 찾아옵니다.

수성선이 태양구에 가깝게 생기면
횡재운이 생깁니다.

인기선이 올라가면
행운이 상승하는 것과 같습니다.

음덕선이 발달하면 조상의 은덕을 받아
꿈이나 예지가 잘 맞습니다.

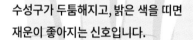

부동산운이 좋은 손금

부동산운이 강한 사람의 손금은 손목 부위를 잘 봐야 합니다. 손목선 부위가 두툼하고 손목선이 4개 이상인 손금을 부자 손금으로 봅니다. 특히 손목선 가운데 V자 모양이 있으면 부동산으로 큰 부자가 됩니다.

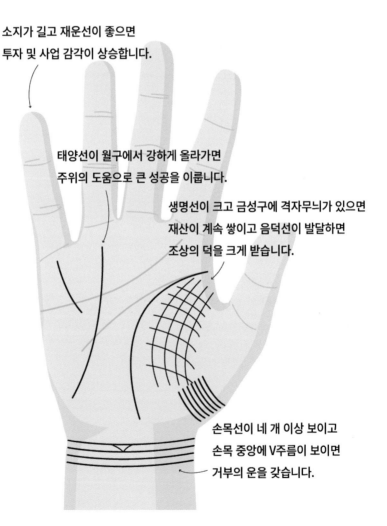

소지가 길고 재운선이 좋으면
투자 및 사업 감각이 상승합니다.

태양선이 월구에서 강하게 올라가면
주위의 도움으로 큰 성공을 이룹니다.

생명선이 크고 금성구에 격자무늬가 있으면
재산이 계속 쌓이고 음덕선이 발달하면
조상의 덕을 크게 받습니다.

손목선이 네 개 이상 보이고
손목 중앙에 V주름이 보이면
거부의 운을 갖습니다.

3

손금으로 본
연애 결혼운

✳ 이성에게 인기 있는 손금

✳ 현재 만나는 사람과 결혼하는 손금

✳ 배우자운이 좋은 손금

✳ 결혼생활이 행복한 손금

✳ 일찍 결혼하는 손금

✳ 늦게 결혼하거나 독신인 손금

✳ 재혼을 하는 손금

✳ 자식복이 좋은 손금

이성에게 인기 있는 손금

금성대, 결혼선, 인기선이 발달해 있으면 배려심이 좋고 어떤 환경에서도 쉽게 적응하며 밝고 명랑해 이성에게 인기가 많습니다.

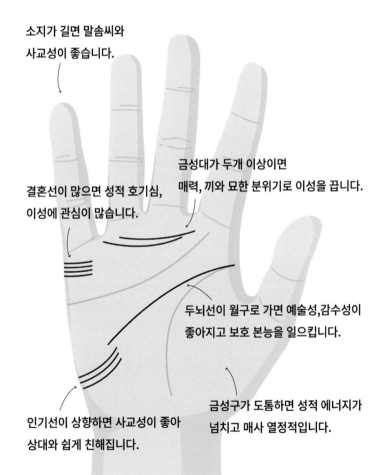

소지가 길면 말솜씨와
사교성이 좋습니다.

결혼선이 많으면 성적 호기심,
이성에 관심이 많습니다.

금성대가 두개 이상이면
매력, 끼와 묘한 분위기로 이성을 끕니다.

두뇌선이 월구로 가면 예술성,감수성이
좋아지고 보호 본능을 일으킵니다.

인기선이 상향하면 사교성이 좋아
상대와 쉽게 친해집니다.

금성구가 도톰하면 성적 에너지가
넘치고 매사 열정적입니다.

현재 만나는 사람과 결혼하는 손금

인기선과 운명선이 합쳐지고, 생명선 안쪽 배우자선이 생명선의 상향지선과 만나면 현재 만나는 사람과 결혼까지 가게 됩니다. 여기에 결혼선이 상향하고, 감정선에 지선이 상향하면 서로 좋아하는 마음이 더욱 강해져 결혼을 서두르게 됩니다.

감정선에 상향지선이 생기면
감정이 풍부해지고 배려심, 이해심이 강해집니다.

결혼선이 상향하면
좋은 사람을 만나고 애정운이 상승하여
결혼을 서두릅니다.

생명선의 상향지선이 배우자선과
연결이 되면 좋은 배우자를 만나
결혼하는 것을 의미합니다.

운명선에 인기선이 붙으면 좋은 인연이
나에게 들어오는 것을 의미합니다.

생명선 안쪽 금성구에 격자무늬가 생기면
애정운과 성적 에너지가 강해집니다.

배우자운이 좋은 손금

결혼선이 길어져 태양구의 태양선과 합쳐져 위로 올라가는 선을 일명 신데렐라 손금이라 합니다. 이 선을 가지면 자기보다 나은 지위나 능력을 가진 사람과 결혼을 합니다.

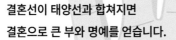

생명선의 상향지선이 목성구로 강하게
올라오며 배우자선과 합쳐지면
나의 배우자는 큰 성공과 부를 얻는 사람입니다.

결혼선이 태양선과 합쳐지면
결혼으로 큰 부와 명예를 얻습니다.

결혼생활이 행복한 손금

안정적인 결혼을 하려면 운명선이 굵고 길게 뻗어 M자 형태를 이루어야 합니다. 이런 사람은 책임감, 끈기, 인내심이 강하여 부부 사이에 불행이 와도 극복할 수 있는 힘이 있습니다. 그다음은 결혼선이 좋은지, 생명선 안쪽에 배우자선이 좋은지를 봅니다.

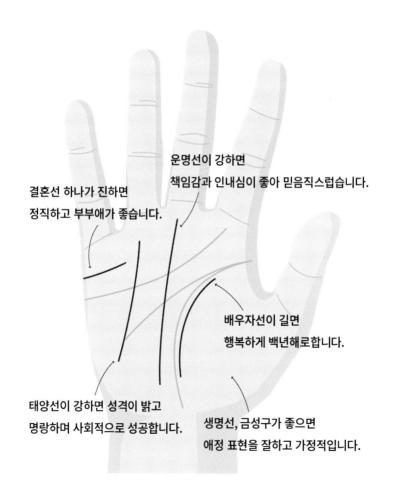

결혼선 하나가 진하면
정직하고 부부애가 좋습니다.

운명선이 강하면
책임감과 인내심이 좋아 믿음직스럽습니다.

배우자선이 길면
행복하게 백년해로합니다.

태양선이 강하면 성격이 밝고
명랑하며 사회적으로 성공합니다.

생명선, 금성구가 좋으면
애정 표현을 잘하고 가정적입니다.

일찍 결혼하는 손금

운명선 시작점에 인기선이 합쳐지고, 생명선 시작점에 배우자선이 상향지선과 합쳐지면 일찍부터 이성에 눈을 뜨고 동거나 결혼을하게 됩니다. 여기에 소지가 길고 결혼선이 상승하고 금성구의 격자무늬가 많으면 성적인 에너지가 강해져 일찍 결혼을 하게 됩니다.

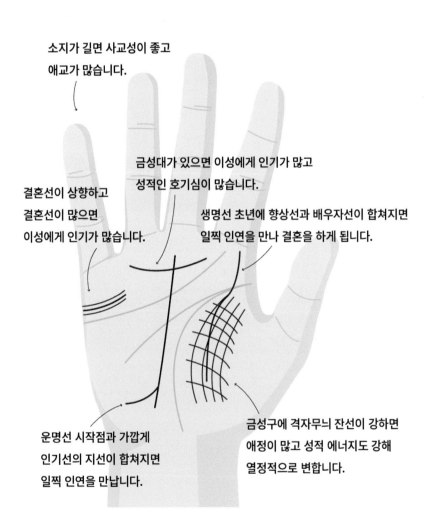

소지가 길면 사교성이 좋고
애교가 많습니다.

금성대가 있으면 이성에게 인기가 많고
성적인 호기심이 많습니다.

결혼선이 상향하고
결혼선이 많으면
이성에게 인기가 많습니다.

생명선 초년에 향상선과 배우자선이 합쳐지면
일찍 인연을 만나 결혼을 하게 됩니다.

운명선 시작점과 가깝게
인기선의 지선이 합쳐지면
일찍 인연을 만납니다.

금성구에 격자무늬 잔선이 강하면
애정이 많고 성적 에너지도 강해
열정적으로 변합니다.

늦게 결혼하거나 독신인 손금

결혼선이 짧거나 소지 상단에 붙어 있으면 결혼 생각이 없거나 나이 들어 결혼하는 경우가 많고, 생명선 안쪽 배우자선이 없으면 결혼이 늦어지거나 독신으로 사는 경우가 많습니다. 특히 여자는 두뇌선이 생명선과 떨어져 있으면 구속, 속박을 싫어해 결혼이 늦어지고, 여기에 약지가 길면 남성호르몬이 강해 결혼보다 일을 중요시하여 결혼 생각이 없어집니다. 만약 소지까지 짧으면 결혼이 더욱더 늦어집니다.

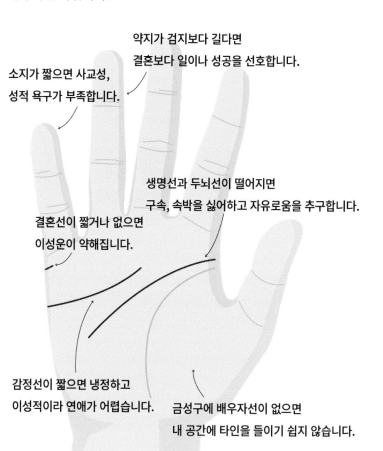

약지가 검지보다 길다면
결혼보다 일이나 성공을 선호합니다.

소지가 짧으면 사교성,
성적 욕구가 부족합니다.

생명선과 두뇌선이 떨어지면
구속, 속박을 싫어하고 자유로움을 추구합니다.

결혼선이 짧거나 없으면
이성운이 약해집니다.

감정선이 짧으면 냉정하고
이성적이라 연애가 어렵습니다.

금성구에 배우자선이 없으면
내 공간에 타인을 들이기 쉽지 않습니다.

재혼을 하는 손금

재혼을 하는 손금의 특징은 감정선, 결혼선, 배우자선이 두 개씩 나타납니다. 특히 감정선이 두 개면 짧은 감정선은 성격이 급하고 다혈질임을, 긴 감정선은 따뜻하고 배려심이 많음을 나타내는데, 첫 결혼 실패 후 재혼을 하면 잘사는 경우가 많습니다.

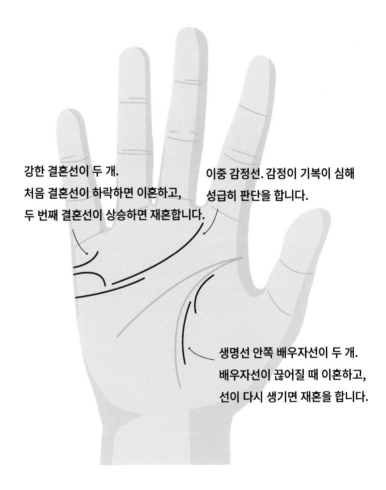

강한 결혼선이 두 개.
처음 결혼선이 하락하면 이혼하고,
두 번째 결혼선이 상승하면 재혼합니다.

이중 감정선. 감정이 기복이 심해
성급히 판단을 합니다.

생명선 안쪽 배우자선이 두 개.
배우자선이 끊어질 때 이혼하고,
선이 다시 생기면 재혼을 합니다.

자식복이 좋은 손금

자식복을 보려면 손목선이 가장 중요합니다. 손목선이 뚜렷하게 일자로 가로지른 모양이 좋고 손목선이 네 개 이상 보이면 큰 부호가 되거나 이름을 크게 알리는 자손을 얻습니다.

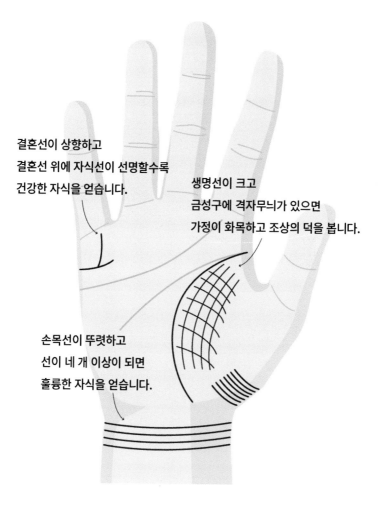

결혼선이 상향하고
결혼선 위에 자식선이 선명할수록
건강한 자식을 얻습니다.

생명선이 크고
금성구에 격자무늬가 있으면
가정이 화목하고 조상의 덕을 봅니다.

손목선이 뚜렷하고
선이 네 개 이상이 되면
훌륭한 자식을 얻습니다.

실전!
손금 상담하기

손금을 볼 때는 처음에는 손의 생긴 모양을 보고, 그다음에는 손가락의 길이를 본 후 손금을 분석하는 것이 좋습니다. 손 모양을 보지 않고 손금만 보면 숲을 보지 않고 나무를 보는 것과 같으니 반드시 손의 모양을 먼저 보는 습관을 길러야 합니다.

1. 손과 손가락 모양을 본다

손과 손가락의 모양을 보는 것은 손금을 보기 전에 먼저 큰 틀을 잡는 것과 같습니다. 왼손잡이인지 오른손잡이인지에 따라 뇌의 발달 부위와 관심사를 알 수 있습니다. 손을 내미는 모습을 보고 기본적인 그 사람의 성향을 볼 수 있습니다. 그리고 손의 크기와 유연성을 보면 외향적인지 내향적인지를 파악할 수 있습니다. 손바닥과 손가락의 형태(불, 땅, 바람, 물)에 따라 성격이나 적성 분야를 알 수 있고, 손가락의 길이에 따라 남성향, 여성향의 기질과 어디에 관심을 두고 있는지를 알 수 있습니다.

2. 손금을 본다

1) 기본 삼대선 보기

가장 먼저 봐야 할 선은 기본 삼대선입니다. 분석 순서는 ①생명선 ②두뇌선 ③감정선으로 해주세요. 피상담자가 어렵게 느껴지거나 손금이 좋지 않을수록 마음을 편하게 해주는 것이 중요합니다. 기본 삼대선으로는 사람의 그릇을 재며 재능의 특성, 체질, 성격을 80% 이상 파악합니다.

생명선의 개운선, 향상선, 자수성가선과 두뇌선의 상향지선을 통해 행운 시기를 파악할 수 있습니다. 기본 삼대선은 전체 상담의 40~50% 정도를 차지하는 것이 적당합니다.

① 생명선의 분석

생명선은 가장 중요한 선이죠. 건강, 수명, 소화기관의 상태를 대표합니다. 세로 삼대선은 생명선의 에너지를 바탕으로 성장합니다. 왼손, 오른손의 중요한 이상증세는 각각의 신체장기의 좌, 우측과 관련되기 때문에 양손을 유심히 살펴주세요.

좋은 행운의 표시도 양손 모두 판독하고, 장해선은 굵은 것 위주로 봅니다. 장해선의 잔선은 근심걱정으로 해석하면 됩니다.

생명선의 굵기, 흐르는 모양, 길이, 금성구의 크기를 중점적으로 봅니다. 건강 관련 사항은 대체적인 경향만 먼저 언급하고, 주의점을 상세하게 설명하는 것이 좋습니다.

1. 생명선의 섬모양은 종기나 암을 나타냅니다. 하단에 헝클어짐 여부는 허약한 체질, 대장이나 혈액순환장애를 의미하기 때문에 확인이 필요합니다.

2. 굵게 끊는 장해선, 죽음의 선이 강한지 여부를 보면 갑작스런 장해 여부를 알 수 있습니다.

3. 약지 아래쪽 헝클어짐을 통해 중대질병 경향을 봅니다.(간장

선, 방종선, 감정선)

4. 감정선과 운명선이 만나는 부위에 장해선이 많은지, 토성구의 별모양, 비애선이 두뇌선을 끊는지 여부를 체크해주세요.

5. 두뇌선이 월구로 흐르는지, 두뇌선과 감정선 사이에 신비십자가 있는지, 장해선이 있는지를 확인합니다.

이때 함께 살피는 선들은 다음과 같습니다.

1. 생명선의 지선이 유년법으로 언제 시작하는지, 중간에 새로나오는지, 길게 이어져 있는지 여부를 살핍니다.

2. 개운선, 향상선: 가닥수가 많은지, 굵고 긴지, 언제 나오는지확인합니다.

3. 생명선 하단: 이 부위의 영토 확장 여부, 긴 여행선이 있는지봅니다.

4. 인복선과 음덕선: 금성구가 넓고 좋은지 판단하고 인복선은비애선과 함께, 음덕선은 하늘의 재앙선, 귀인선과 함께 살핍니다.

분석이 다 되었다면 결과를 위 순서대로 이어서 설명합니다. 주된 특징 요소에 조금 더 비중을 두세요.

② 두뇌선의 분석

두뇌선은 자기 자신의 정신력, 의지력, 사고력을 나타냅니다. 재능의 발달 여부와 관심 영역을 알 수 있죠. 두뇌선을 확인할 때는감정선을 함께 살펴 두 선의 밸런스가 좋은지 체크합니다. 손금이나빠도 두뇌선이 양호하면 괜찮습니다. 감정선보다 두뇌선이 좋은 것이 포인트죠.

1. 두뇌선은 시작 부위의 독립 여부, 뻗은 방향, 길이, 두뇌선의 기세, 특이손금 여부를 먼저 봅니다.

2. S자 두뇌선, 제2화성구 두뇌선, 월구 두뇌선, 지선이 뻗은 방향을 확인합니다.

오른손은 직업 분야, 산업 분야를, 왼손은 업무 특성을 보여줍니다. 양손 모두 좋아야 행복합니다. 구체적인 직업운을 살필 때는 감정선, 운명선, 재운선도 함께 봐야 합니다.

두뇌선을 볼 때는 두 가지를 확인하는 것이 필요합니다.

1. 두뇌선의 이상증세: 섬모양, 선의 헝클어짐, 흐릿함, 굵은 장해선의 유년을 파악합니다.

2. 행운의 표시: 두뇌선 상향지선 등의 유년을 파악합니다.

두뇌선에 나타나는 특이손금으로는 막쥔손금이 있습니다. 막쥔손금은 오른손 먼저 확인하고, 막쥔손금 구성이 온전하게 잘 되어 있는지 생명선과 운명선을 체크합니다. 막쥔손금이 불안하다면 건강문제 가능성을 함께 살펴보는 것이 필요합니다. 두뇌선이 한 가닥 더 남아 있는지, 매끈하게 금성대가 발달했는지, 이중 감정선 여부, 감정선 아래 가닥이 비애선처럼 두뇌선을 끊는 형태인지도 봐주세요.

이중 두뇌선은 오른손에 있는 것을 좋게 봅니다. 좌뇌가 행동, 언어, 분석을 담당하기 때문입니다. 왼손에만 이중 두뇌선이 있다면 재능의 발현이 약합니다. 내담자에게는 이중 두뇌선의 일반적 특성과 각 두뇌선별 특성을 합쳐 이야기해주세요.

③ 감정선의 분석

감정선은 감정적 성향을 나타내며, 심장과 혈관기능을 살피는 선입니다. 오른손은 외부로 드러나는 성격과 사회적 활동을, 왼손은 내면의 생각을 봅니다. 감정선이 약해서 덧칠된 듯 흐르거나 틈새가 많으면 사기와 우환이 침범합니다.

1. 감정선 끝 부위의 형태를 기준으로 합니다. 감정선의 유형을 먼저 분석하고, 끝 가닥이 뻗은 방향과 가닥수를 살핍니다.

2. 이중 감정선이나 막쥔손금 등의 특이 형태에 해당하는지 확인합니다.

3. 왼손 약지와 소지 사이의 감정선 상태와 헝클어짐 상태를 봅니다.

4. 감정선의 전반적 상태를 봅니다. 매끈한지, 사슬형인지, 하향지선이 많은지 체크합니다.

5. 감정선 끝이 하향하는지 혹은 하향지선이 있는지 체크합니다.

감정선과 함께 금성대, 비애선과 신비십자가도 함께 살펴주세요.

2) 세로 삼대선 보기

세로 삼대선은 나의 운을 보는 자리로 노력운, 직업운, 성공운, 재물운 등을 살핍니다.

1. 먼저 세로 삼대선의 발달 여부를 전체적으로 봅니다. 운명선, 태양선, 재운선의 굵기, 끊어짐, 기세를 파악한 후 삼지창 여부, 주요선의 별모양이나 발달 상태를 확인합니다.

2. 중지의 운명선과 소지의 재운선을 함께 분석합니다.

3. 중지의 태양선을 볼 때 감정선 위 태양선과 감정선 아래 태양선이 어디에 생겼는지 잘 구분하여 분석해주세요.

4. 세로 삼대선의 기세를 살핍니다. 운명선, 재운선의 감정선 통과 여부나 태양구의 태양선 발달 상태를 보는 것이죠.

5. 장해선의 경우 운명선을 끊는 장해선을 중심으로 비애선, 신비십자가, 감정선 위 장해선을 각각 세밀하게 봅니다.

① 운명선과 재운선의 분석

중지 운명선은 직업운과 인생을 나타냅니다. 인생의 요소에는 결혼과 건강이 포함됩니다. 소지 재운선은 직장운, 사업운, 금전운이며 간과 장의 건강을 보여줍니다.

직업운, 사업운, 인생길을 볼 때 오른손은 외형적, 실제적, 현실적, 후천적 운을 봅니다. 왼손으로는 내면, 가능성, 타고난 운을 확인해주세요. 운명선과 재운선은 보통 함께 살펴야 하는데, 서로 상호보완적 역할을 하기 때문입니다.

1. 현재 운의 상태를 보기 위해 운명선, 재운선이 감정선을 넘어가서 올라가는지(하늘의 기운을 받는지), 몇 가닥이 지나가는지 확인합니다. 선이 많을수록 강해집니다.

2. 운명선의 타입을 확인합니다. 직선형으로 토성구까지 일직선으로 뻗어 올라가면 고속도로와 같은 인생이 펼쳐집니다. 월구형,

손바닥 중앙형, 자수성가선, 이중 운명선의 형태도 봐주세요.

3. 재운선의 타입을 봐주세요. 직성형인지 끊어지거나 옆으로 퍼졌는지, 비애선화되었는지 여부를 봅니다. 혹은 선이 없거나 수성구에 수성선만 있는 경우도 있습니다.

4. 장해선 여부를 살핍니다. 운명선이 감정선 위 장해선에 잘려서 없어지는지, 재운선이 감정선에서 시작한 장해선(비애선)에 잘리거나 막힌 모습인지, 신비십자문양이나 섬모양이 나타나는지 등을 체크하면 됩니다.

② 태양선의 분석

태양선은 감정선 위쪽과 아래쪽을 구분해서 별도로 해석합니다. 태양구의 태양선은 재물, 명예, 성공, 행복, 만족, 인기 등을 봅니다. 오른손이라면 현재와 가까운 미래를, 왼손은 먼 미래와 타고난 운을 볼 수 있습니다.

왼손	오른손	본인 생각	현재, 가까운 미래, 먼 미래, 속마음	운명선, 재운선 관련 부위 상태
좋음	좋음	좋음	현재도 좋고, 앞으로도 당분간 계속 좋음.	양손 운명선과 재운선 기세가 좋음.
		나쁨	고생 끝, 행복 시작, 앞으로 좋아짐.	
좋음	나쁨	좋음	잠깐 주의할 운 도래 / 실제는 안 좋아도 만족	오른손이 감정선에 막힘. 왼손은 기세가 좋음.
		나쁨	현재는 안 좋지만 조금(1년) 지나면 점차 좋아짐.	

나쁨	좋음	좋음	현재는 좋지만 조금(1년) 지나면 나빠질 가능성 있음.	왼손이 감정선에 막힘. 오른손은 양호하나 약화 조짐.
		나쁨	곧 좋아짐 / 만족을 못 하는 것은 아닌지?	
나쁨	나쁨	좋음	좋은 시절은 다 지나갔다. 행복 끝 불행 시작.	양손 운명선, 재운선이 감정선에 막힘. 장해선에 끊어짐.
		나쁨	당분간은 계속 안 좋을 수 있으므로 때를 기다림.	

3) 기타선 보조선 분석

① 결혼선의 분석

결혼운, 애정운을 나타내는 결혼선은 미혼, 기혼 모두에게 중요한 의미를 갖습니다. 결혼선의 상향은 성적 매력을 보여주죠. 하향이 심하면 이혼, 사별, 별거가 90% 이상의 확률임을 의미합니다. 이경우 생명선에 나타나는 배우자선의 유형과 운명선에 합류되는 지선을 보며 결혼운과 이혼수를 체크합니다. 단, 나이가 들수록 점차결혼선이 하향하는 점은 참고해주세요.

② 보조선의 분석

금성대, 손목선, 솔로몬링, 음덕선, 의료선, 신비십자가 등 손에나타나는 보조선과 문양들을 확인합니다.

운명을 만들
준비가 되셨나요?

손금은 단순한 주름이 아닙니다. 손금은 뇌와 관련이 깊은 학문으로 손금을 공부하면 그 사람의 적성, 재능, 성격, 건강, 운의 흐름 등 전반적인 사항을 파악할 수 있습니다. 손금을 진지하게 공부하면 나를 파악하고 상대를 파악하는 데 이만큼 좋은 학문은 없다고 봅니다.

제가 손금을 배울 때 헷갈렸던 부분을 떠올리며 독자들이 큰 줄기에서 작은 줄기로 자연스럽게 따라가면서 손금을 이해할 수 있도록 집필을 하였습니다. 손의 전체적인 모습을 보고, 손가락을 보고, 기본 삼대선(생명선, 두뇌선, 감정선)과 세로 삼대선(운명선, 태양선, 재운선) 등 눈으로 확실하게 확인할 수 있는 선을 읽고 그 선과 함께 해석해야 할 보조선과 문양들을 설명하였습니다. 그리고 각 선의 특징을 가장 잘 보여주는 대표적인 손금을 수록하여 이해를 돕고자 했습니다.

제가 이 책에 설명한 것은 손금을 읽는 가장 기본적인 내용입니다. 물론 책에 소개한 내용만 충분히 소화하셔도 성격, 성향, 재능, 운의 흐름을 읽으실 수 있을 것입니다. 만약 더 깊이 알고 싶다면 뇌와 수상학(손금학)에 관한 책들을 읽어보세요. 그리고 다양한 손금을 보며 읽는 연습을 하는 것도 도움이 됩니다.

타로를 하시는 분들은 서양 점성학에서 행성의 위치에 대한 내용을 공부하시면 손금을 읽는 데 도움이 될 것이고, 사주를 하시는 분들은 손금과 오행의 관계에 대해 공부하시면 좋습니다.

손금에 대한 책을 읽고 강의를 듣고 이론을 공부하는 것도 중요하지만, 손금학은 많이 보고 많이 분석하고 상대에게 많이 설명해 줘야 하는 학문입니다. 손금을 책으로 공부하신 후에는 반드시 가족이나 친구, 주변 사람들에게 보이는 만큼이라도 손금을 봐주신다면 실력이 점점 늘어 금방 내 것이 될 수 있습니다.

다른 사람의 손금을 봐줄 때 꼭 당부하고 싶은 것이 있습니다. 손금은 고정된 것이 아니라 달라질 수 있다는 것입니다. 손금이 같아도 어떤 선택을 하느냐에 따라 삶이 달라집니다. 즉 노력에 의해서 자신의 운의 흐름을 바꿀 수 있습니다. 그래서 책에서도 손금을 설명하고 그에 따른 주의점을 강조한 것입니다.

손금에 성격이 급하고 다혈질인 성향을 가지고 있는 분이라면 즉흥적으로 판단하지 말고 마음을 가라앉히고 차분히 생각해보라 하고, 건강에 이상선이 나타나는 분들은 건강관리에 주의하라고 말씀드립니다.

예부터 내려오는 관상(손금)학 책을 보면 마지막에 이런 글이 나옵니다.

"四柱不如觀相(사주불여관상), 觀相不如心相(관상불여심상)."
"사주가 아무리 좋아도 관상(손금)이 좋은 것만 못하고, 관상(손금)이 아무리 좋아도 심상(마음과 행동거지)보다는 못하다."

이 말은 타고난 사주나 관상(손금)이 아무리 좋아도 사람의 마음 가짐과 행동으로 인해 운명이 바뀌니, 마음이 가장 중요하다는 의미입니다. 반대로 보면 타고난 사주나 관상(손금)이 안 좋아도 마음가짐으로 얼마든지 운명을 개척할 수 있다는 의미이기도 합니다.

태어난 운명의 사주, 손금도 물론 중요하지만, 내가 어떻게 마음먹고 행동하느냐에 따라 나의 미래가 충분히 달라질 수 있음을 많은 분들이 알았으면 좋겠습니다. 그리고 다른 사람의 손금을 봐주실 때도 이 점을 꼭 잊지 마시고 손금을 풀어주시길 바랍니다.

이제, 손안의 지도를 따라 자신의 운명을 만들어갈 준비가 되셨나요?

감사의 글

《내 손금은 내가 본다》의 초안을 처음부터 끝까지 꼼꼼히 읽고 상세한 의견을 남겨주신 구경배, 김선아, 김수영, 김유정, 김학길, 박보연, 이근주, 임종만, 채지원 님께 진심 어린 감사를 전합니다.

책을 만드는 과정에서 다양한 의견을 나눠주신 김고은, 김수정, 김수진, 김재연, 김채아, 류하영, 신혜영, 안세은, 양지영, 유은정, 이지은, 이한아, 임정희, 전예린, 정유경, 한지민 님께도 감사드립니다.

내 운명은 내가 본다

내 손금은 내가 본다

초판 1쇄 인쇄 2023년 5월 19일
초판 1쇄 발행 2023년 5월 26일

글 민광욱(겸재)
기획 골든리버
편집 권은경
디자인 섬세한 곰
마케팅 손지오 이태후 최지원 한효정 황나경

발행인 정회도
발행처 소울소사이어티
출판사 등록일 2020년 7월 30일

이메일 soul-society@naver.com
카카오톡채널 소울소사이어티

웹사이트 soulsociety.kr
인스타그램 @soulsociety.official
블로그 blog.naver.com/soul-society
유튜브 youtube.com/soulsocietykr